Franz J. Bauer

Das ›lange‹ 19. Jahrhundert (1789–1917)

Profil einer Epoche

Philipp Reclam jun. Stuttgart

RECLAMS UNIVERSAL-BIBLIOTHEK Nr. 17043
Alle Rechte vorbehalten
© 2004 Philipp Reclam jun. GmbH & Co., Stuttgart
Gesamtherstellung: Reclam, Ditzingen. Printed in Germany 2006
RECLAM, UNIVERSAL-BIBLIOTHEK und
RECLAMS UNIVERSAL-BIBLIOTHEK sind eingetragene Marken
der Philipp Reclam jun. GmbH & Co., Stuttgart
ISBN-13: 978-3-15-017043-4
ISBN-10: 3-15-017043-5

www.reclam.de

Inhalt

I
Epochenbegriff und Geschichtsprozeß

Periodisieren heißt einteilen, und einteilen bedeutet ordnen. Historiker müssen periodisieren, denn ihr Stoff gliedert sich nicht von selbst; schließlich gibt es »keine Geschichte an sich, und vollends keine, die an sich so etwas wie Epochen als Einschnitte, als Einkerbungen hätte«. Erst der (zu)ordnende und deutende Blick, der erkennende Zugriff des Historikers hebt aus der endlosen Abfolge vergangener Geschehnisse, aus dem vielberufenen Strom des Geschehens, dem »wüsten Strom des Werdens«,[1] Geschichten heraus – Vorgänge, die einen Anfang und ein Ende haben und in denen nach den Prinzipien von Kausalität und Finalität sinnhafte Strukturen und Zusammenhänge erkennbar werden. Mittels des Epochenbegriffs denken wir Geschichte als gegliederten Prozeß. Die Gliederung der Geschichte in Zeitalter oder Epochen ist also nicht einfach ein »Vermessungsproblem«, so, »als habe der Historiker die Geschichte als Objekt wie eine Straße vor Augen«.[2] Wenn wir von Epochen oder Zeitaltern sprechen, haben wir es nicht mit objektiv feststehenden, quasi geschichtsimmanenten Sachverhalten zu tun, sondern mit analytischen Konzepten und gedanklichen Konstrukten, mit Vorstellungen, die wir uns von der Vergangenheit bilden. In sie gehen die empirischen Beobachtungen und Feststellungen des Betrachters ebenso ein wie theoretische oder weltanschauliche Vorannahmen und Erkenntnisinteressen, die außerhalb des Gegenstandes liegen: »Auch der gewöhnliche und mittelmäßige Ge-

---

1 Friedrich Nietzsche, *Vom Nutzen und Nachtheil der Historie für das Leben*, in: F. N., *Sämtliche Werke. Krit. Studienausg. in 15 Bdn.*, hrsg. von Giorgio Colli und Mazzino Montinari, Bd. 1, München [u. a.] 1999, S. 317.
2 Wilhelm Kamlah, »›Zeitalter‹ überhaupt, ›Neuzeit‹ und ›Frühneuzeit‹«, in: *Saeculum* 8 (1957) S. 313–332, hier S. 317.

schichtsschreiber, der etwa meint und vorgibt, er verhalte sich nur aufnehmend, nur dem Gegebenen sich hingebend, ist nicht passiv mit seinem Denken; er bringt seine Kategorien mit und sieht durch sie das Vorhandene.«[3]

Dem heutigen Historiker steht dabei nicht mehr der teleologische Geschichtsidealismus eines Hegel zu Gebote, der in der Weltgeschichte das »Geschäft des Weltgeistes«, einer sich selbst verwirklichenden »Vernunft«, und »immer ein Fortschreiten zu einem Höheren« sah, und in den auf »unmittelbare natürliche Prinzipien« gestellten Epochen die notwendigen Stufen der Entwicklung einer »unmittelbaren natürlichen Wirklichkeit«.[4] Einen größeren Zeitabschnitt nach ihm innewohnenden Strukturen und leitenden Bewegungstendenzen als Epoche zu bestimmen, bedeutet in der Praxis der Geschichtsschreibung, ein unendlich verwickeltes Geschehen gleichsam aus einem Punkt zu deuten und zur Synthese zu bringen. Die große Vielfalt der beobachteten Erscheinungen wird durch Herausfilterung dessen, was unwesentlich oder atypisch, zufällig oder unzeitgemäß erscheint, geordnet, vereinfacht, auf die wesentlichen Züge konzentriert und verdichtet.[5] Das kommt unserem Bedürfnis nach Einfachheit und Klarheit der Zusammenhänge und nach argumentativer Stringenz der Darstellung entgegen, bedingt aber, wie jede Abstraktion und jeder Ansatz von Modellbildung, zwangsläufig eine Reduktion der Komplexität. Die Gefahr, daß diese Operation zu weit getrieben und die lebendige Vielfalt des vergangenen

---

3 Georg Wilhelm Friedrich Hegel, *Vorlesungen über die Philosophie der Weltgeschichte*, Bd. 1: *Die Vernunft in der Geschichte*, hrsg. von Johannes Hoffmeister, Hamburg 1955, S. 31.

4 Georg Wilhelm Friedrich Hegel, *Grundlinien der Philosophie des Rechts*, hrsg. von Johannes Hoffmeister, Hamburg 1955, §§ 344–347, und ders., *Vorlesungen. Ausgewählte Nachschriften und Manuskripte*, nachgeschrieben von P. Wannenmann, hrsg. von C. Becker [u. a.], Bd. 1: *Vorlesungen über Naturrecht und Staatswissenschaft*, Hamburg 1983, § 164, S. 257.

5 Die »denkende Betrachtung« der Geschichte, sagt Hegel, habe »keine andere Absicht als das Zufällige zu entfernen« (Hegel, s. Anm. 3, S. 25, 29 und 33).

Geschehens der Linearität einer Erklärungs- und Deutungsperspektive zum Opfer gebracht wird, ist nicht völlig
von der Hand zu weisen. Denn die Physiognomie eines
Zeitalters, das Profil einer Epoche gewinnen um so schärfe-
re Konturen, je konsequenter das Gegenläufige und schein-
bar Widersprüchliche, das Unstimmige und Störende –
kurz alles das, was sich nicht den großen, klaren Zügen ein-
fügt – ausgeschieden wird. Dabei können auch Elemente
unter den Tisch fallen, in denen noch unerkannt der Keim
neuer, in die Zukunft weisender Entwicklungen liegt. Es
gehört zur Dialektik des historischen Prozesses, daß auch
das zum Charakter einer Epoche beiträgt, was nicht mit ihr
im Einklang zu stehen scheint.

In der Regel greift man auf große Ereignisse zurück, um
Anfang und Ende von historischen Phasen zu markieren.
Wesen und Charakter einer Epoche erscheinen uns heute
allerdings weniger von Zäsuren nach punktuellen Taten
und Daten abhängig als von strukturellen, die kollektiven
Schicksale sozialer Großgruppen betreffenden Faktoren.
Nach unserem modernen Verständnis vollzieht sich Geschichte als Prozeß, d.h. als ein Ineinandergreifen langfri-
stig wirkender, kollektiver Handlungszusammenhänge, an
denen eine große Zahl von Menschen beteiligt ist und die
deshalb kaum noch steuerbar sind.[6] Eine solche prozessuale
Auffassung der Geschichte legt es nahe, die Periodisierung
als ein »flexibles Verfahren der Bildung von historischen
Sinneinheiten zu begreifen«[7] und über den Besonderheiten
und Eigenarten der einzelnen Geschichtsabschnitte stets
auch die sie verbindenden Entwicklungslinien oder Kontinuitäten zu beachten. Das Konzept einer ›Sattelzeit‹ etwa
von 1750 bis 1850, die als breiter Saum von Übergängen

6 Zum Prozeßbegriff Christian Meier, »Fragen und Thesen zu einer Theorie
  historischer Prozesse«, in: *Historische Prozesse*, hrsg. von Karl-Georg Faber
  und Christian Meier, München 1978, S. 11–66.
7 Winfried Schulze, *Einführung in die Neuere Geschichte*, 3. Aufl., Stuttgart
  1996, S. 32.

die vormoderne Zeit mit der Epoche der Moderne ver-
schränkt[8], basiert auf der Erkenntnis, daß es im Geschichts-
prozeß keine abrupten, alle Entwicklungslinien scharf
durchtrennenden Schnitte gibt. Historische Strukturanaly-
sen können unter einer Oberfläche von Stabilität oder Stagnation Potentiale des Wandels sichtbar machen, die bereits
auf epochal Neues vorausdeuten, während zur selben Zeit
in anderen Daseinsbereichen ältere Zustände aus weit zu-
rückliegenden Perioden noch tief in die ›neue‹ Epoche hin-
einragen können. Diese historische Grunderfahrung, die
der Philosoph Ernst Bloch als die »Ungleichzeitigkeit des
Gleichzeitigen« auf den Begriff gebracht hat[9], relativiert die
Epochengrenzen.

Verständigen wir uns zunächst auf einen allgemeinen Begriff von ›Epoche‹. Das aus dem Griechischen kommende
Wort bedeutete ursprünglich Halte- oder Wendepunkt;
daraus abgeleitet in der Chronologie den »Zeitpunkt, mit
welchem eine neue Zeitrechnung oder Ära anhebt«.[10] Im
heute gängigen Gebrauch bezeichnet ›Epoche‹ die gesamte
Geschichtsphase, die ein Wendepunkt, etwas Neues set-
zend, eingeleitet hat. Wir definieren daher für unsere
Zwecke den Begriff der Epoche als einen Abschnitt der historischen Entwicklung, der durch bestimmte durchgängige
und vorherrschende Erscheinungen, Tendenzen oder Strukturen als ein relativ Einheitliches und Zusammenhängendes
gekennzeichnet und dadurch vom allgemeinen Strom des
Geschehens oder von anderen Abschnitten desselben deutlich unterschieden ist.

---

8 Vgl. Reinhart Koselleck, »Einleitung«, in: *Geschichtliche Grundbegriffe. Historisches Lexikon zur politisch-sozialen Sprache in Deutschland*, Bd. 1, Stuttgart 1972, S. XIII–XXVII; Heinz Duchhardt, »Ancien Régime und ›Sattelzeit‹ in Deutschland«, in: *Historische Zeitschrift* 251 (1990) S. 627–638.

9 Ernst Bloch, *Erbschaft dieser Zeit*, 2., erw. Ausg., Frankfurt a. M. 1992,
Kap. »Ungleichzeitigkeit und Pflicht zu ihrer Dialektik«, S. 104–126.

10 So noch in *Meyers Konversations-Lexikon. Ein Nachschlagewerk des allgemeinen Wissens*, 21 Bde., 5., gänzlich neu bearb. Aufl., Leipzig/Wien 1897.
Bd. 5, S. 855.

Inwiefern läßt sich nun die Zeit von 1789 bis 1917 im
Sinne dieser Definition als eine eigenständige Epoche begreifen? Sehen wir uns zunächst die zeitlichen Grenz-
marken dieses Geschichtsabschnittes und die historischen
Ereignisse, auf die sie sich beziehen, etwas genauer an. 1789
– das steht natürlich für den Ausbruch der Großen Französischen Revolution, wobei klar ist, daß es dabei nicht um
eine ereignishaft enge Auffassung dieser historischen Zäsur
gehen kann. Beim 14. Juli 1789, dem sog. Sturm auf die
Bastille, ist zu unterscheiden zwischen dem historischen
Ereignis an sich und seiner symbolischen Bedeutung als
mythisch überfrachtetes Gründungsdatum der modernen
französischen Nation.[11] Epochemachend wirkte die Französische Revolution als ein Komplex von Ereignissen, in
welchem langdauernde Entwicklungen wie in einem Kno-
ten zusammenliefen und von dem neue Entwicklungssträn-
ge ihren Ausgang nahmen. Die Ideen der Aufklärung sind
in der Französischen Revolution gewissermaßen praktisch
geworden. Die Kriege der Revolution und dann Napoleons
als ihres Vollstreckers und Vollenders haben die Staaten-
ordnung Europas und insbesondere Deutschlands erschüt-
tert und umgeformt. Viele europäische Staaten sahen sich in
der Konfrontation mit dem napoleonischen Frankreich und
seiner Fortschrittlichkeit genötigt, ihre inneren Einrichtungen von Grund auf zu modernisieren. Neue Leitideen tra-
ten auf den Plan – Volkssouveränität und Repräsentation,
Nation und Konstitution –, und ein umfassender Wandel
der gesellschaftlichen und politischen Verhältnisse wurde in
Gang gesetzt. Nicht dieses eine Jahr 1789 also, sondern das
Vierteljahrhundert zwischen 1789 und 1815 mit seinen
ganz Europa erfassenden tiefgreifenden Umwälzungen haben wir im Auge, wenn wir mit der Französischen Revolution eine neue Epoche beginnen lassen.

11 Vgl. Winfried Schulze, *Der 14. Juli 1789. Biographie eines Tages*, Stuttgart
1989.

Was die räumlich-geographische Eingrenzung unserer
Epochenbetrachtung anlangt, so ist das 19. Jahrhundert in
einem gesamteuropäischen, zum Teil auch weltgeschicht-
lichen Zusammenhang zu sehen. Bei der exemplarischen
Erörterung historischer Sachverhalte aber werden wir von
der deutschen Geschichte ausgehen und diese in den Mittelpunkt stellen. Dann ist mit Thomas Nipperdey festzustellen: Die »Grundprinzipien der modernen Welt sind mit
der Französischen Revolution ins Leben (und ins Bewußtsein der Zeitgenossen) getreten, sie hat in der Weltgeschichte Epoche gemacht. Aber für die Deutschen ist der
Umsturz der alten Ordnung reale Erfahrung erst unter
Napoleon und in der Form des Militärimperiums geworden.«[12] Die beginnende Auflösung der alten Welt durch
Säkularisation und Mediatisierung nach dem Reichsdepu-
tationshauptschluß von 1803 und das Erlöschen des Heili-
gen Römischen Reiches deutscher Nation mit der Errichtung des Rheinbundes 1806 leiteten den Zerfall einer seit
Jahrhunderten bestehenden, zuletzt zunehmend als Ana-
chronismus empfundenen, aber doch immer noch die
mentalen Horizonte prägenden politisch-sozialen Ordnung ein.[13]

Die unseren Zeitraum abschließende Markierung durch
das Jahr 1917 bezieht sich auf das Eingreifen der Vereinig-
ten Staaten von Amerika in den Großen Krieg, der damit
endgültig zum Weltkrieg wurde, und auf die Oktoberrevo-
lution der Bolschewiki in Rußland als die Geburtsstunde
der Sowjetunion. Mit dem weltpolitischen Debüt der beiden Flügelmächte schien das Jahr 1917 in einer dramati-
schen Koinzidenz das Ende der weltpolitischen Dominanz

---

12 Thomas Nipperdey, *Deutsche Geschichte 1800–1866. Bürgerwelt und starker Staat*, 5. Aufl., München 1991, S. 11.

13 Vgl. Hans-Ulrich Wehler, *Deutsche Gesellschaftsgeschichte*, Bd. 1: Vom
Feudalismus des Alten Reiches bis zur defensiven Modernisierung der Reformära 1700–1815, München 1987, Tl. 2: »Defensive Modernisierung. Die
deutsche Reaktion auf die Französische Revolution und Napoleon:
1789–1815«, ebd.

Europas zu markieren, die mit der kolonialen Expansion des ausgehenden 15. Jahrhunderts begonnen und im weltumspannenden Imperialismus der europäischen Mächte an der Wende vom 19. zum 20. Jahrhundert ihren Höhepunkt gesehen hatte. Vor allem im Rückblick aus der Situation des Kalten Krieges nach 1945, als Europa nach dem von Deutschland herbeigeführten Zweiten Weltkrieg in Ruinen lag und die beiden Supermächte über den alten Kontinent hinweg an die ›Teilung der Welt‹ gingen, erschien den Europäern 1917 als das Schicksalsjahr, in dem der Abstieg ihres Erdteils vom Subjekt zum Objekt der Geschichte und zu einer sekundären Weltregion seinen Anfang genommen hatte.[14]

Bei aller Plausibilität dieses Einschnitts gilt aber analog auch für 1917, was wir vorhin für 1789 festzuhalten hatten: Diese Daten sind nicht punktuell zu verstehen. Auch das Jahr 1917 steht nicht als isolierter Wendepunkt, sondern ist eingebettet in ein Großereignis, das den Übergang zwischen zwei Epochen markiert. Wie die Französische Revolution so war auch der Erste Weltkrieg das Produkt von Tendenzen, die schon seit Jahren, wenn nicht seit Jahrzehnten, auf dem Wege waren; und wie in der Großen Revolution verdichtete sich auch im Weltkrieg der historische Prozeß zu besonderer Dynamik und Intensität und wurde zu einem Generator neuer Kräfte, die dann ihrerseits für Jahrzehnte fortwirkten. Ein Unterschied im Status unserer beiden Zäsuren ist allerdings festzuhalten: Mit den Revolutionen am Ende des 18. Jahrhunderts wurde nachgerade eine neue Weltepoche eröffnet (siehe S. 21 f.), während man im Ersten Weltkrieg eher eine Binnenzäsur der Moderne sehen

---

14 Vgl. Hans Günter Hockerts, »Zeitgeschichte in Deutschland. Begriff, Methoden, Themenfelder«, in: *Das Parlament* (1993) Beilage: *Aus Politik und Zeitgeschichte* B 29–30, S. 3–19; Matthias Peter / Hans-Jürgen Schröder, *Einführung in das Studium der Zeitgeschichte*, Paderborn [u. a.] 1994, S. 15–34; Klaus Tenfelde, »1914 bis 1990 – Einheit der Epoche«, in: *Das Parlament* (1991) Beilage: *Aus Politik und Zeitgeschichte* B 40, S. 3–11.

wird. Gewiß, der Kriegsausgang besiegelte mit der Friedensordnung von Versailles das Schicksal des europäischen
Mächtesystems und läutete das Zeitalter der Weltpolitik
ein. In struktureller Hinsicht aber erscheint die epochale
Bedeutung des Weltkriegs angemessener mit dem technischen Bild eines Gelenks umschrieben, welches zwei Phasen innerhalb ein und derselben Epoche zugleich trennt
und verbindet.[15]

Richtdaten wie 1789 und 1917, und seien sie noch so
markant, können ein historisches Zeitsegment nur abgrenzen, nicht aber inhaltlich umfassend in seiner epochalen Bedeutung bestimmen. Was nun Eigenart und Profil des Zeitraums zwischen Französischer Revolution und Weltkrieg
angeht, so deutet sich schon in der bloßen Aufzählung einschlägiger Stichworte zur Kennzeichnung der Epoche die
enorme Fülle und Vielfalt der Erscheinungen an, die uns in
diesem ›langen‹ Jahrhundert begegnen werden: Man kann
es als das Zeitalter des Liberalismus und der Verfassungsbestrebungen bezeichnen, der Ausbildung des bürgerlichen
Rechtsstaats und der Parlamentarisierung, der nationalen
Bewegungen und Bestrebungen, des nationalstaatlichen
Chauvinismus, des Imperialismus; es ist, mehr vielleicht als
alles andere, das Zeitalter des Kapitalismus, des wissenschaftlichen und technischen Fortschritts, des Aufstiegs der
Industrie und des strukturellen Wandels, der Urbanisierung
und des Aufkommens der Großstadt als Entstehungsort
und Schauplatz modernen Lebens, moderner Zivilisation;
es ist das Zeitalter der freien Bewegung des Kapitals und
zugleich seiner Konzentration unter den Bedingungen einer
immer schärfer werdenden Konkurrenz auf nationalen und
internationalen Märkten bei gleichzeitig zunehmender
wirtschaftlicher Verflechtung im Welthandel; es ist eine Zeit
dramatischer Beschleunigung von Transport und Verkehr

---

15 Ernst Schulin, »Die Urkatastrophe des zwanzigsten Jahrhunderts«, in: *Der
Erste Weltkrieg*, hrsg. von Wolfgang Michalka, München 1994, S. 3–27.

sowie von Nachrichtenübermittlung durch Eisenbahn und Dampfschiff und Telegraphie, wie überhaupt der Intensivierung aller Formen von Kommunikation, der Massenmobilität in Binnenwanderung und Auswanderung.

Wir könnten das 19. Jahrhundert aber auch apostrophieren als das Zeitalter des Bürgertums schlechthin, denn so gut wie alles, was diese Epoche an Neuem hervorbrachte in Wirtschaft, Wissenschaft und Kunst, wurde geschaffen und getragen von Angehörigen der bürgerlichen Schichten; andererseits – so erfolgreich dieses Bürgertum auch gewesen ist in der Erschließung und Gestaltung immer weiterer und größerer Bereiche der Gesellschaft, so angefochten und wenig sicher war es im Besitz dieses ›seines‹ Jahrhunderts; die alten, ständisch privilegierten Eliten des Adels behaupteten sich noch lange an den Schaltstellen der politischen und militärischen Macht, während zugleich schon früh, noch bevor das Bürgertum seine eigene Emanzipation hatte konsolidieren können, der Vierte Stand, das industrielle Proletariat, sich als sein sozialer Gegenpol aufbaute und die bürgerliche Welt zumindest in seiner revolutionären Theorie radikal in Frage stellte. Wir beobachten des weiteren in diesem Jahrhundert ökonomische Ausbeutung und soziale Ungleichheit, wir vernehmen die Fundamentalkritik der gesellschaftlichen Verhältnisse durch den Sozialismus, der den Klassenkampf zum großen Bewegungsgesetz der Geschichte proklamiert; wir registrieren gegen Ende dieses Jahrhunderts aber auch eine deutliche Verbesserung der Lebensverhältnisse bei den unteren Schichten durch Reallohnsteigerung, allmähliche Wohlstandsmehrung und den Beginn staatlicher Sozialpolitik.[16] Dringt man mit analyti-

---

16 Gerhard A. Ritter: »›Der lange Weg‹. Die Anfänge des Wohlfahrtsstaates in Deutschland«, in: *Jahrhundertwende. Der Aufbruch in die Moderne 1880–1930*, 2 Bde., hrsg. von August Nitschke [u. a.], Bd. 1, Reinbek bei Hamburg 1990, S. 121–146, sowie Gerhard A. Ritter, *Der Sozialstaat. Entstehung und Entwicklung im internationalen Vergleich*, 2. Aufl., München 1991.

schem Blick tiefer unter die Oberfläche, so wird deutlich, daß sich gegen Ende des Jahrhunderts das Wesen der Politik grundlegend zu ändern begonnen hat: Politik hört auf, eine Sache nur des Monarchen und seines Hofes, seiner Regierung und Bürokratie zu sein. Es kommt, mühsam zwar und nicht ohne Hemmnisse und Rückschläge, allmählich zur Einbindung breiterer Bevölkerungskreise in den politischen Prozeß infolge der Organisation der divergierenden gesellschaftlichen Interessen in modernen politischen Parteien – vor allem SPD und Zentrum –, aber auch in konservativen Massenverbänden.[17]

Wir belassen es an dieser Stelle bei der assoziativen Aneinanderreihung von Erscheinungen und Entwicklungen des geschichtlichen Lebens in der uns interessierenden Zeit. Eine Linie, eine klare Kontur ist in dieser kaleidoskopischen Vielfalt noch kaum zu erkennen. Was man das Wesen dieses Jahrhunderts nennen könnte, seine leitenden Prinzipien und die ihm innewohnenden Bewegungstendenzen, wird sich uns vielleicht deutlicher erst zeigen, wenn wir zunächst noch einmal einen Schritt zurücktreten, um aus größerer perspektivischer Distanz Aufschluß zu gewinnen über sein Woher und Wohin. Denn eine jede Epoche, so sagten wir, ist eingelassen in dicht verflochtene Stränge von Kontinuitäten, und auch das epochal Neue kann nur auf der Basis und im Wandel des Überlieferten entstehen.

---

17 Vgl. allg. Dolf Sternberger, *Gerechtigkeit für das 19. Jahrhundert*, Frankfurt a. M. 1975.

II

Das ›Zeitalter der Revolutionen‹

Der Geschichtsabschnitt vom Ausgang des 18. Jahrhunderts bis zum Aufgang des 20., den wir als Epoche identifizieren wollen, gehört zur Großepoche der Neuzeit. Daß es unter den Historikern immer wieder Debatten gegeben hat über die Frage, wann die Neuzeit begonnen und ob mit ihrem Beginn auch tatsächlich das Mittelalter schon geendet habe[18], braucht uns hier nicht zu beschäftigen. Wir gehen aus von dem pragmatischen Konsens, wonach man den Beginn der Neuzeit etwa um 1500 ansetzen kann. Dabei wissen wir natürlich, daß auch über diese fiktive Zäsur hinweg in vielen Bereichen genuin mittelalterliche Zustände, Einstellungen und Denkweisen noch lange fortbestanden und fortwirkten. Vor allem an der Geschichte der Mentalitäten – der kollektiven Prägungen, Einstellungen und Verhaltensdispositionen – ließe sich aufweisen, daß die Bewältigung der elementaren Kontingenzfälle des menschlichen Lebens oft noch bis zum Übergang vom 18. ins 19. Jahrhundert mittelalterlichen Mustern folgte.[19] Andererseits zeigten sich schon seit dem 15. Jahrhundert in den Bewegungen von Humanismus und Renaissance mächtige und selbstbewußte Tendenzen von Aufbruch und Neuorientierung, insbesondere in der Betrachtung, Deutung und Erklärung der Erscheinungen der Natur, des Kosmos und der Stellung des Menschen in ihm. Die Emanzipation der Philosophie von der Theologie bereitete die Ablösung einer auf Glaubensdoktrin und kirchliche Dogmen gegründeten und heilsge-

---

18 Dazu allg. Ernst Walder, »Zur Geschichte und Problematik des Epochenbegriffs ›Neuzeit‹«, in: *Festgabe Hans von Greyerz zum 60. Geburtstag*, hrsg. von E. W. [u. a.], Bern 1967, S. 21–47.
19 Dies gilt etwa für die Art und Weise des Umgehens der Menschen mit dem Tod und den Toten; vgl. Franz J. Bauer, »Von Tod und Bestattung in alter und neuer Zeit«, in: *Historische Zeitschrift* 254 (1992) S. 1–31.

schichtlich gebundenen Weltsicht durch eine freiere, wissenschaftliche Welterfassung vor. Die Errungenschaften von Philosophie und Wissenschaft im 16. und 17. Jahrhundert lieferten die Basis für die aufklärerische Kritik überkommener kirchlicher und weltlicher Autoritäten, für die Infragestellung gottgewollter Unabänderlichkeit der ständischen Gesellschaftsordnung und in fernerer Konsequenz auch für die wissenschaftlich-technische Unterwerfung der Welt (und letztlich allerdings auch des Menschen selbst) in der Industriellen Revolution.[20]

Neu ist an der Neuzeit auch ein neues Verständnis vom Wesen der Zeit.[21] Die mit älteren Kulturstufen verbundene, an kosmologischen oder biologischen Elementarerfahrungen (etwa des Jahreslaufs und der jahreszeitlichen Vegetationszyklen) orientierte ›mythische‹ Auffassung einer zirkulären Zeit macht der ›historischen‹ Vorstellung einer linear fortschreitenden Zeit Platz. Das wissenschaftliche Denken löst sich aus den Fesseln der Zyklizität, seit Kepler die Kreisbahn zum »Grenzfall der deformierten Ellipse« degradiert und Newton die Umlaufbahnen der Himmelskörper aus einer Ablenkung der Fallgeraden durch die Gravitationskraft der Massen erklärt hat.[22] Der Zeitkreis wird aufgebrochen und streckt sich zum Zeitpfeil. Die kulturellen

---

20 Vgl. Franz Borkenau, *Der Übergang vom feudalen zum bürgerlichen Weltbild. Studien zur Geschichte der Philosophie der Manufakturperiode*, Darmstadt 1976 [1. Aufl. 1934]; Hermann Ley, *Geschichte der Aufklärung und des Atheismus*, Bd. 3.1 und 3.2, Berlin 1978–80.

21 Grundlegend Norbert Elias, *Über die Zeit*, Frankfurt a. M. 1984, und Hans Blumenberg, *Lebenszeit und Weltzeit*, 3. Aufl., Frankfurt a. M. 1986 [Nachdr. 2000]; eine gute Zusammenfassung zum Problem ›historischer Zeiten‹ bietet Hans-Jürgen Goertz, *Umgang mit Geschichte. Eine Einführung in die Geschichtstheorie*, Reinbek bei Hamburg 1995, Kap. 12 (mit wichtiger weiterführender Literatur); vgl. auch Reinhart Koselleck, »Vergangene Zukunft der frühen Neuzeit«, in: R. K., *Vergangene Zukunft. Zur Semantik geschichtlicher Zeiten*, Frankfurt a. M. 1979, S. 17–37, sowie Lucian Hölscher, *Die Entdeckung der Zukunft*, Frankfurt a. M. 1999.

22 Vgl. Hans Blumenberg, *Die Genesis der kopernikanischen Welt*, Bd. 2.4: *Der Stillstand des Himmels und der Fortgang der Zeit*, 3. Aufl., Frankfurt a. M. 1996.

Folgen sind weittragend und dramatisch. Der Zeitpfeil entwirft einen prinzipiell unendlichen Zeit-Raum; er weist in eine offene, nicht abgeschlossene, nicht abschließbare Zukunft; er durchbricht befreiend die Horizontabschließung aus christlicher Heilserwartung und hebt so die Endzeit und das Ende der Zeiten auf. Selbstbewußt und eigenmächtig stellt sich die vom Menschen gemachte Geschichte der Natur gegenüber.[23] An die Stelle des eher statischen In-der-Welt-Seins in tradierter Gewißheit periodischer Wiederkehr tritt im europäischen Denken das dynamisierende Prinzip der Geschichte als Bewußtsein von der Gerichtetheit des Geschehens[24], dessen einzelne Schritte in streng sequentiellem Nacheinander auf der Zeitschiene von hier nach dort, vom Jetzt in die Zukunft erfolgen und dabei – das kommt, die mentalen Konsequenzen potenzierend, hinzu – strikter Kausalität unterworfen sind. Aus der einsinnigen Projektion des Geschehens von der Gegenwart in die Zukunft ergibt sich zwangsläufig die Unumkehrbarkeit dessen, was geschehen ist, und damit wächst dem menschlichen Handeln eine ganz neue, herausfordernde Qualität zu. Jeder einzelne Akt (wie im übrigen auch seine Unterlassung), eingegliedert in die kausale Verkettung, bedingt und verantwortet nunmehr die ganze Zukunft. Das erlegt den Subjekten der Geschichte nicht nur die Pflicht auf zu handeln, sondern gut zu handeln, nämlich das Richtige zu tun, damit aus dem Fortschreiten, d.h. dem bloßen Vorwärtsschreiten

---

23 Vgl. Jochen Schlobach, »Die klassisch-humanistische Zyklentheorie und ihre Anfechtung durch das Fortschrittsbewußtsein der französischen Frühaufklärung«, in: Faber/Meier (s. Anm. 6) S. 127–142. Zum Problem von ›Zeit‹ und ›Geschichte‹ aus anthropologischer Sicht grundlegend Mircea Eliade, *Kosmos und Geschichte*, Frankfurt a. M. / Leipzig 1994 [franz. Orig. 1949].

24 Die Auffassung von der Linearität der Zeit erlangt Dominanz, auch wenn zyklische Bilder weiterhin vielfältig anzutreffen sind: »Die Metaphorik der zielstrebigen Bewegung bestimmt das neuzeitliche Geschichtsdenken stärker als irgendein anderer Komplex von Bildern.« Alexander Demandt, *Metaphern für Geschichte. Sprachbilder und Gleichnisse im historisch-politischen Denken*, München 1978, S. 213.

der Geschichte auf der Zeitachse, ein ›Fortschritt‹ werde: Der Zeitpfeil der Moderne, der den Zeitkreis abgelöst hat, zielt nicht nur vorwärts, sondern auch aufwärts. »Die Gesamtheit des Menschengeschlechts«, schreibt der Aufklärer Turgot, »geht stets, wenn auch mit langsamen Schritten, auf eine größere Vollendung zu«.[25]

Die Menschen des 17. Jahrhunderts, jedenfalls die Gebildeten, hatten mithin schon einen deutlichen Begriff von der Neuheit der Zeit, in der sie lebten, wobei in dem Prädikat des Neuen eben durchaus eine qualitative Wesensbestimmung im Sinne programmatischer Zukunftsorientierung mitschwang. Kennzeichnend hierfür war auch, daß das wesenhaft Neue der Zeit seit 1500 nicht mehr als einmaliger Akt der Veränderung erfahren wurde, sondern als dynamisch fortwirkendes Prinzip. Diese der Neuzeit eigentümliche Wahrnehmung einer fortschreitenden Neuerung scheint sich nach der Beobachtung von Reinhart Koselleck seit der Mitte des 18. Jahrhunderts noch intensiviert zu haben; bereits um 1770, also noch vor der Französischen Revolution, wurde die »neue Zeit« durch die »neueste Zeit« ergänzt bzw. überholt. »Die neueste Zeit, einmal aus der neuen Zeit hervorgetrieben, wurde zum progressiven Iterativ«, die »neue Geschichte« der drei Jahrhunderte seit 1500 damit »relativiert«, »heruntergestimmt« zum Komparativ einer ›neueren Geschichte‹[26]. Sie verlor den Status der Singularität, war nur noch »Übergangsphase«, »Vorlaufsphase« der eigentlichen Moderne, der »Neuesten Geschichte«. Die Französische Revolution wurde somit, wie Winfried Schulze es formuliert hat, zur »Mittelachse unseres weiten Neuzeitbegriffs«. Die Revolution erwies sich als »tiefer Bruch der europäischen Geschichte«, der sich auch »im Be-

25　Zit. nach Schlobach (s. Anm. 23) S. 139 f.

26　Reinhart Koselleck, »Wie neu ist die Neuzeit?«, in: *Historische Zeitschrift* 251 (1991) S. 539–553, hier 541; vgl. auch ders., »›Neuzeit‹. Zur Semantik moderner Bewegungsbegriffe«, in: *Studien zum Beginn der modernen Welt*, Stuttgart 1977, S. 264–299.

wußtsein der Zeitgenossen durch den Anbruch der ›Neuesten Zeit‹ ankündigte«.[27]

Gleichwohl waren es nicht die von Paris ausgehenden revolutionären Impulse allein, die gegen Ende des 18. Jahrhunderts die »neueste Zeit« als weltgeschichtliche Epoche heraufgeführt haben. Nicht weniger weittragend für die Umsetzung des emanzipatorischen Potentials eines naturrechtlich abgeleiteten Individualismus war die politische Signalwirkung, die von der Amerikanischen Revolution ausging. Der Kampf der nordamerikanischen Siedlerkolonien um ihre Unabhängigkeit vom britischen Mutterland und die demokratisch inspirierten Verfassungen, auf welche diese Kolonien dann ihre staatliche Selbständigkeit gründeten, beflügelten die Vorkämpfer der neuen Ideen – Volkssouveränität und Repräsentation, Nation und Konstitution – auch auf dem alten Kontinent. »Dadurch, daß die Nordamerikaner abfallend von dem in England gültigen konstitutionellen Prinzip eine neue Republik schufen, welche auf dem individuellen Rechte jedes einzelnen beruht, kam eine neue Macht in die Welt«, äußerte Leopold von Ranke 1854 über den epochalen Rang der Vorgänge in Amerika. »Dies war eine größere Revolution, als früher je eine in der Welt gewesen war, es war eine völlige Umkehr des Prinzips. Früher war es der König von Gottes Gnaden, um den sich alles gruppierte; jetzt tauchte die Idee auf, daß die Gewalt von unten aufsteigen müsse. Darin beruht der Unterschied zwischen den alten Ständen und den jetzigen neuen Ständen.«[28]

Die Historiker haben aber nicht nur die politischen Umwälzungen in Frankreich und Nordamerika vor Augen, wenn sie vom »Zeitalter der Revolutionen« sprechen. Die aufbrechende Modernisierung der politischen und gesell-

27 Schulze (s. Anm. 7) S. 26, 31, 34; vgl. auch Reinhart Koselleck / Rolf Reichardt (Hrsg.), *Die Französische Revolution als Bruch des gesellschaftlichen Bewußtseins*, München 1988.
28 Leopold von Ranke, *Über die Epochen der neueren Geschichte*, München 1971, § 8: »Das Zeitalter der Revolution«, S. 415, 417.

schaftlichen Strukturen wäre nicht denkbar ohne die tiefgreifenden Veränderungen der Wirtschaftsweise, die im
18. Jahrhundert von England ihren Ausgang nahmen und
dann auch auf das kontinentale Europa und auf Nordamerika übergriffen. Die Industrielle Revolution hat als globaler
Vorgang das 19. und das 20. Jahrhundert beherrscht und das
Gesicht der Welt verändert. Im Begriff der politisch-indu-
striellen Doppelrevolution, der auf den englischen Sozialhi-
storiker Eric J. Hobsbawm zurückgeht und von Hans-
Ulrich Wehler[29] zeitversetzt auf die deutsche Geschichte
übertragen wurde, erscheint diese Duplizität der Wand-
lungsprozesse geradezu als die Signatur der Epoche, mit der
wir es hier zu tun haben: »Die politisch-wirtschaftliche
Doppelrevolution des ausgehenden 18. Jahrhunderts«, so
der Tübinger Historiker Dieter Langewiesche, »eröffnete
eine Entwicklungsphase, in der die ›alte Welt‹ unterging und
die ›Moderne‹ entstand – ein unabgeschlossener Prozeß, in
dem der Erste Weltkrieg einen tiefen Einschnitt markiert«.[30]

Wegen der Kühnheit und Konsequenz seiner universal-
historischen Deutungsperspektive muß in diesem Zusammenhang auch der strukturgeschichtliche Periodisierungs-
ansatz Erwähnung finden, den Werner Conze in den 50er
Jahren in Vorschlag brachte. Ebenfalls von den politischen
und sozio-ökonomischen Umwälzungen des späten 18. Jahrhunderts ausgehend, entwarf Conze eine das herkömmliche
Periodisierungsschema geradezu umstürzende Geschichts-
konzeption, aus der sich ›ein großer Dreischritt primärer
weltgeschichtlicher Epochen‹ ergab. Die erste, vorge-
schichtliche Stufe der Menschheitsentwicklung beinhaltete
demnach die nicht näher faßbaren »Jahrtausende der frühen
Menschen primitiver Zivilisation«, in denen der Mensch
noch weitgehend »naturhaft gebunden« war. Das zweite

---

29 Wehler (s. Anm. 13) Bd. 2: *Von der Reformära bis zur industriellen und politischen »Deutschen Doppelrevolution«.*
30 Dieter Langewiesche, [Art.] »Neuzeit, Neuere Geschichte«, in: *Fischer Lexikon Geschichte*, Frankfurt a. M. 1990, S. 386–406, hier S. 386.

Stadium setzte Conze mit dem Auftreten der Hochkulturen im 5. und 4. Jahrtausend vor unserer Zeitrechnung an und ließ es, unter Einschluß des Mittelalters und der Frühen Neuzeit, dauern bis ins europäische 18. Jahrhundert. Die politisch-sozialen, ökonomischen und wissenschaftlich-technischen Revolutionen, die seit dem 18. Jahrhundert von Europa aus große Teile der Erde erfaßten, leiteten die dritte, die technisch-industrielle Weltepoche unserer eigenen, der »neuesten Zeit« ein.[31] Conze berief sich dabei ausdrücklich auf Hans Freyers 1955 publizierte *Theorie des gegenwärtigen Zeitalters*, in der die »Annahme« formuliert war, »daß mit dem Beginn der industriellen Ära, also um die Wende vom 18. zum 19. Jahrhundert, eine weltgeschichtliche Zäsur erster Ordnung eingetreten ist, an Größe vielleicht nur vergleichbar mit dem Übergang des Menschen zur Seßhaftigkeit am Anfang des neolithischen Zeitalters«.[32]

Welch weittragende Folgerungen sich aus diesem Drei-Stadien-Modell für unser konventionell periodisierendes Geschichtsbild ergäben, liegt auf der Hand. Mittelalter und Neuzeit gingen gleichsam auf in einem gewaltig sich hinlagernden und nach rückwärts in verhangenen Fernen der menschlichen Frühe sich verlierenden Zeitblock von sechs Jahrtausenden. Demgegenüber erlangten die zwei Jahrhunderte unseres modernen Zeitalters eine originäre Epochenqualität von geradezu menschheitsgeschichtlicher Dimension. Die »modernen Revolutionen« politisch-sozialer und wirtschaftlich-technischer Art haben in dieser Perspektive die strukturellen Voraussetzungen für radikal veränderte Daseinsweisen potentiell aller Menschen geschaffen, indem »wesentlich erhöhte Stufen der Naturbeherrschung des

---

31 Werner Conze, *Die Strukturgeschichte des technisch-industriellen Zeitalters als Aufgabe für Forschung und Unterricht*, Köln 1957.
32 Hans Freyer, *Theorie des gegenwärtigen Zeitalters*, Stuttgart 1967 [1. Aufl. 1955], S. 81. Zum wissenschaftspolitischen Kontext in der westdeutschen Geschichtswissenschaft vgl. Winfried Schulze, *Die deutsche Geschichtswissenschaft nach 1945*, München 1989, S. 254–265, 281–301.

Menschen sprunghaft erreicht wurden« und im Zuge einer noch längst »nicht zur Ruhe gekommenen Dynamik« ständig weiter erreicht werden.[33] In der Bilanz der historiographischen Praxis der letzten vier Jahrzehnte ist zwar festzustellen, daß Conzes Drei-Stadien-Modell zur Periodisierung der Weltgeschichte das traditionelle Dreierschema Antike–Mittelalter–Neuzeit nicht hat verdrängen können. Die von Conze geforderte Hinwendung zu den fundamentalen strukturellen Bedingungen und Gegebenheiten menschlicher Existenz, die in Frankreich von der sog. Schule um die Zeitschrift _Annales_ schon vor dem Zweiten Weltkrieg vollzogen worden war, erwies sich indessen forschungspolitisch als höchst folgenreich. Sie hat in der westdeutschen Geschichtswissenschaft einen regelrechten Paradigmenwechsel eingeleitet, weg von der traditionellen politischen Geschichtsschreibung, hin zu einer Geschichte der großen Kollektivformationen der Gesellschaft und ihres prozessualen Wandels.[34]

III

Das ›lange‹ 19. Jahrhundert

Wer das Jahrhundert zwischen Französischer Revolution und Erstem Weltkrieg als Epoche charakterisieren soll, findet sich, wie Hans Mommsen einmal festgestellt hat, in der Verlegenheit, zwar eine Sache zu haben, aber keinen Namen für diese Sache. Das Jahrhundert ist, wie wir gesehen haben, als historischer Zeitraum durch einschneidende Er-

---

33 Conze (s. Anm. 31) S. 12.
34 Vgl. Wolfgang Schieder, »Sozialgeschichte zwischen Soziologie und Geschichte. Das wissenschaftliche Lebenswerk Werner Conzes«, in: _Geschichte und Gesellschaft_ 13 (1987) S. 244–266.

eignisse von dem Davor und dem Danach hinreichend deutlich abgesetzt. Die Schwierigkeit aber, dieses ›lange‹ 19. Jahrhundert auf einen Begriff zu bringen, wird dadurch nicht geringer. Eine »kurze und allgemein anerkannte Formel« dafür zu finden, die das Zeitalter »als ein abgeschlossenes, historisch vollendetes erscheinen läßt«, dürfte in der Tat kaum möglich sein.[35] Ideen- und kulturgeschichtlich kann für das 19. Jahrhundert von Epocheneinheit gewiß nicht die Rede sein. Im Spannungsfeld zwischen Rationalismus und Romantik, Idealismus und Materialismus (oder philosophischem ›Wertneutralismus‹) ebenso wie in der Uneinheitlichkeit seiner stilistischen Ausdrucksformen präsentiert sich dieses Jahrhundert in der Tat als »Epoche des Übergangs, in der sich wechselnde und heterogene Einflüsse durchkreuzen.«[36] Unter sozialgeschichtlichem Aspekt stellt es sich als »eine Zeit dramatischer Veränderungen« dar, geprägt durch »Konflikte« und »gesellschaftliche Umbrüche« und die »Erfahrung vom unkalkulierbar beschleunigten Fortschritt«.[37] Transitionsmetaphorik dieser Art erscheint aber auch angebracht, wo die Politik- und Staatengeschichte in den Blick genommen wird: Dann läßt sich das Jahrhundert kennzeichnen als die »zentrale Passage der deutschen Geschichte auf dem Weg von der staatlichen Vielfalt des Alten Reiches zur nationalstaatlich-demokratischen Ordnung des Staates«.[38]

Folgt man diesen Beobachtungen, so erscheint das 19. Jahrhundert schlechterdings als Zeitalter der Bewegung und des Wandels, und seine Eigenart besteht gerade in der Dynamik der historischen Veränderungsprozesse. Auch die Menschen dieses Jahrhunderts erkannten übrigens in der

---

35 So Hans Mommsen in seiner scharfsinnigen Skizze über das 19. Jahrhundert. In: *Fischer-Lexikon Geschichte,* Frankfurt a. M. 1961, S. 203–223, hier S. 203.
36 Ebd., S. 205.
37 Langewiesche (s. Anm. 30) S. 386.
38 Schulze (s. Anm. 7) S. 36.

Bewegung das Kennzeichnende ihrer Zeit, einer Bewegung
zumal, die – und das ist entscheidend – nicht als ziel- und
regellos, sondern in hohem Maße als gerichtet, als vor-
wärts- und aufwärtsweisend wahrgenommen wurde. Sie
kleideten diese Wahrnehmung und Überzeugung in die em-
phatische Parole des ›Fortschritts‹, der die menschlichen
Verhältnisse mit der Notwendigkeit eines Entwicklungsge-
setzes zum Höheren und Besseren führe. Ein eher konser-
vativer Zeitgenosse wie Leopold von Ranke wandte freilich
schon damals kritisch ein, er könne die Annahme, »daß die
ganze Menschheit sich von einem gegebenen Urzustand
zu einem positiven Ziel fortentwickelte«, »weder für philo-
sophisch haltbar noch für historisch nachweisbar halten«.
Der Historiker von heute, der nicht nur das 19. Jahrhundert überschaut, sondern inzwischen auch das 20. hinter
sich hat, weiß vollends, daß jener naive Fortschrittsoptimismus nicht angebracht war: Von einer generellen und konti-
nuierlichen, alle Bereiche der menschlichen Kultur gleich-
mäßig erfassenden Verbesserung und Höherentwicklung
kann gewiß keine Rede sein; immerhin aber gab es auf vielen Gebieten des materiellen Lebens, in Wirtschaft, Wissenschaft und Technik, »und ebenso in der Herbeiziehung der
verschiedenen Nationen und Individuen zur Idee der
Menschheit und der Kultur«[39] so entschieden positive Entwicklungen, daß man zwar in bezug auf das 19. Jahrhundert nicht vom Fortschritt als solchem, wohl aber durchaus
von einem Jahrhundert der Fortschritte sprechen kann.
Nur gebrauchen wir, um teleologischen Mißverständnissen
vorzubeugen, für die Gesamtheit der das Jahrhundert
kennzeichnenden Veränderungstendenzen den neutraleren
Begriff der Modernisierung. »Dieser umfassende Moderni-
sierungsvorgang bestimmte«, wie Dieter Langewiesche
treffend bemerkt hat, »die Richtung, in der sich die Gesellschaft im 19. Jahrhundert wandelte, selbst dort, wo man

---

39 Ranke (s. Anm. 28) S. 54–80.

sich dagegen sperrte«. Die Leitperspektive, der unsere Darstellung folgen wird, ist demnach der »krisenreiche Weg in
die ›Modernität‹ [...], der das 19. Jahrhundert zu einer Epoche von eigenständigem Gepräge formte«.[40]

IV
Der ›Weg in die Moderne‹: Grundlagen und
Grundtendenzen des 19. Jahrhunderts

Es ist, wie Hans Freyer mit Bezug auf Wilhelm Dilthey
festgestellt hat, »ein Leitmotiv und beinahe ein methodi-
sches Postulat des modernen Historismus«, daß sich historische Epochen ihrer »Struktur« nach unterscheiden ließen
und daß es möglich sei, »die einem Zeitalter eigentümliche
Struktur in Begriffe zu fassen« und als »sein inneres Gesetz
zu begreifen«.[41] In der Tat beruht unser Geschichtsver-
ständnis diesbezüglich bis heute auf der Vorstellung von
der ›Individualität‹ der Zeitalter, wie sie bereits in Leopold
von Rankes allbekanntem Diktum formuliert war, jede
Epoche sei »unmittelbar zu Gott« und habe »ihre besondere Tendenz und ihr eigenes Ideal«. Was Freyer (mit Dilthey) »Struktur« und »Gesetz« nennt, sind bei Ranke die
»leitenden Ideen« bzw. »die herrschenden Tendenzen in jedem Jahrhundert«.[42] Auf die Frage des bayerischen Königs
Max II., dem Ranke 1854 ein privates Kolleg »Über die

---

40 Langewiesche (s. Anm. 30) S. 388. Zum Epochencharakter des 19. Jahrhunderts vgl. jetzt auch die Überlegungen von Jürgen Kocka, *Das lange
   19. Jahrhundert. Arbeit, Nation und bürgerliche Gesellschaft,* Stuttgart
   2001, § 6.
41 Freyer (s. Anm. 32) S. 8.
42 Ranke (s. Anm 28) S. 60 f., 66.

Epochen der neueren Geschichte« hielt, was man als die
»leitenden Tendenzen« ihres Jahrhunderts bezeichnen könne, antwortete der Historiker:

> Ich würde als die leitende Tendenz unserer Zeit auf-
> stellen: die Auseinandersetzung beider Prinzipien, der
> Monarchie und der Volkssouveränität, mit welcher alle
> anderen Gegensätze zusammenhängen; ferner die un-
> endliche Entwickelung der materiellen Kräfte und die
> überaus vielseitige Entwickelung der Naturwissen-
> schaften [...].[43]

Ranke hat hier – mit den ihm aus dem Diskurs seiner Zeit
verfügbaren Begriffen – die Grundprinzipien der modernen
Welt nicht wesentlich anders bestimmt und nicht weniger
klar erfaßt, als etwa ein Ernst Troeltsch um 1900, ein Franz
Schnabel um 1930 oder die Historiker unserer eigenen Zeit
es getan haben. Nach Troeltsch sind die Grundelemente der
modernen Welt zunächst die neuzeitliche Staatsidee, also die
»Idee des souveränen Staates« und die »Logik des Machtge-
dankens«; sodann der Kapitalismus und die aus ihm folgende
»Konstruktion des ganzen Daseins aus wirtschaftlichen Gesetzen« durch die »beständige Berechnung des Ertrages,
durch die rationell-wissenschaftliche Methode der Technik,
durch die rationelle Kunst der Arbeitsteilung«; schließlich
neben diesen »objektiven und institutionellen Mächten« als
weitere »Großmacht der modernen Welt« die Wissenschaft,
in erster Linie natürlich die Naturwissenschaft, die darauf
ausgehe, »die gesamte Natur des unseren Sinnen zugängli-
chen Weltalls dem Begriff einer Kausalität zu unterwerfen«.[44]
    Der Historiker unserer Zeit bevorzugt die stärker abstra-
hierenden und systematisierenden Kategorien, wenn er wie

---

43 Ebd., S. 441.
44 Ernst Troeltsch, »Das Wesen des modernen Geistes«, in: E. T., *Gesammelte
   Schriften*, Bd. 4: *Aufsätze zur Geistesgeschichte und Religionssoziologie*, Tübingen 1925, S. 297–338, hier S. 303–305, 308–310, 313–315.

Hans Mommsen die Epocheneinheit des 19. Jahrhunderts in einem Kranz von »Spannungsfeldern« zu erfassen sucht. Er betont mit diesem Begriff die Ambivalenzen und Widersprüche, die der Epoche zu eigen sind. Im Mittelpunkt seiner Deutung steht die Dichotomie von »Revolution und Tradition«, der Spannungsbogen von »revolutionärem Umbruch und fortwirkender, evolutionär sich umschaffender Tradition«, der »der Epoche äußere Grenzung und universalgeschichtliche Einheit gibt«. In diese Polarität sind die politischen, zur Ausformung des nationalen Verfassungs- und Machtstaats führenden Entwicklungen ebenso eingespannt wie die Veränderungen der wirtschaftlichen und gesellschaftlichen Ordnung:

> Dem schlechthin weltgeschichtlichen Vorgang der ›industriellen Revolution‹ stellt sich ein stufenförmig verlaufender Strukturwandel an die Seite, der die Auffassung des 19. Jahrhunderts als Epoche des Übergangs bestätigt. Er betrifft die Umkehrung des Verhältnisses von Staat und Gesellschaft.[45]

Allen diesen Deutungen gemeinsam ist, daß sie das lange 19. Jahrhundert unter der Kategorie eines allgemeinen und tiefgreifenden Wandels erfassen. »Die gesamte Gesellschaft«, so urteilt auch Hans-Ulrich Wehler, »befand sich unwiderruflich in einem universal-historisch einmaligen Transformationsprozeß«.[46] Wir werden im folgenden diesen säkularen Prozeß historischen Wandels als ›Weg in die Moderne‹[47] anhand der Leitbegriffe von Säkularisierung und Rationalisierung, Emanzipation und Partizipation, Differenzierung und Integration, Industrialisierung und

---

45 Mommsen (s. Anm. 35) S. 211, 216 f.
46 Wehler (s. Anm. 29) S. 4.
47 Der Begriff der Moderne wird von uns bar aller normativen Prämissen rein funktionalistisch verwendet für die Gestaltung eines sozio-kulturellen Systems unter den funktionalen Bedingungen industriewirtschaftlicher Ent-

technische Revolution analysieren. Das Bürgertum als den Initiator und Träger dieses Prozesses stellen wir in einem eigenen Abschnitt vor. Dem vollen Durchbruch zur Moderne an der Wende vom 19. zum 20. Jahrhundert, der zugleich – wieder unentrinnbar dialektisch – als Kritik und Krise der Moderne in Erscheinung tritt, gehört unsere Schlußbetrachtung. – Zunächst aber müssen wir uns der ideellen Grundlagen des 19. Jahrhunderts vergewissern.

1   *Aufklärung – Historismus – Fortschrittsdenken*

In ideeller Hinsicht hat das 19. Jahrhundert seine Wurzeln zunächst in der Aufklärung, deren Erbe es verwaltet und in freier Anwendung auf seine praktischen Bedürfnisse ausgestaltet.[48] Dazu gehört zum einen
– ein rationalistisch-intellektueller Lebensansatz, verbunden mit einem aus Mechanik und Naturwissenschaft abgeleiteten Kausalismus, der von einer berechenbaren Verfügbarkeit aller Dinge und auch der menschlichen Verhältnisse ausgeht und keine historisch überlieferten, autoritativ gesetzten oder mystisch-numinos begründeten Mächte gelten läßt;
– des weiteren ein dem naturwissenschaftlichen Atomismus analoger und naturrechtlich begründeter Individualismus und Subjektivismus, der beansprucht, die menschliche Gesellschaft nach den Interessen und Bedürfnissen des ein-

wicklung. ›Modernisierung‹ wäre mithin der historische Prozeß gesamtgesellschaftlicher Transformation, der auf diesen dynamischen Systemzustand hinführt. – Die Fülle der Problemaspekte, die mit dem Begriff der Moderne verbunden sind, wird sichtbar etwa bei Richard Münch, *Die Kultur der Moderne*, 2 Bde., Frankfurt a. M. 1993; Jürgen Habermas, *Der philosophische Diskurs der Moderne. Zwölf Vorlesungen*, 8. Aufl., Frankfurt a. M. 2001; Niklas Luhmann, *Beobachtungen der Moderne*, Opladen 1992, v. a. Kap. I.
48 Zur Ideen- und Institutionengeschichte der Aufklärung in Deutschland Horst Möller, *Vernunft und Kritik*, Frankfurt a. M. 1986.

zelnen zum Besten aller konstruieren zu können; zum politischen Programm ausgemünzt findet sich diese Nachwirkung der Aufklärung im Liberalismus der ersten Jahrhunderthälfte;

– schließlich eine Zukunftsgewißheit und ein Fortschrittsoptimismus, die auf der Überzeugung von der vollständigen verstandesmäßigen Durchdringbarkeit und technischen Beherrschbarkeit der Natur beruhen. Diese zunächst apriorisch postulierte Leitperspektive konnte sich vor allem in der zweiten Hälfte des 19. Jahrhunderts durch die beeindruckenden Erfolge der naturwissenschaftlichen Forschung und der technologischen Entwicklung, vor allem aber durch die von Charles Darwin formulierte Entwicklungstheorie im Sinne einer quasi naturgesetzlichen Optimierungstendenz bestätigt finden.[49]

Der Hinweis auf die bedeutende Rolle aufklärerischen Gedankenguts im Ideenhaushalt des 19. Jahrhunderts darf freilich nicht so verstanden werden, als habe dieses Jahrhundert nichts anderes gekannt als lineare Umsetzung der Aufklärung in die Praxis. Es gab von Beginn des Jahrhunderts an in Idealismus und Romantik auch Reaktionen gegen den »atomistischen Individualismus und die utilitaristische Verstandeskultur« der Aufklärung.[50] Diese Gegentendenzen beeinflußten einander auf vielfältige Weise wechselseitig und verbanden sich zu neuen Ideenlinien:

Die Romantik protestiert gegen die Fixierung der Menschen auf Rationalität und gegen die Vereinzelung des autonomen Individuums, ja auch gegen die ›heidnische‹ Religion der Klassik; sie wendet sich zum Vor-

---

49 Zum Zusammenhang von darwinistischer Entwicklungslehre und Geschichtsteleologie vgl. Richard Schaeffler, *Einführung in die Geschichtsphilosophie*, 2. Aufl., Darmstadt 1980, S. 25–31.

50 Vgl. Ernst Troeltsch, »Das 19. Jahrhundert«, in: E. T., *Gesammelte Schriften*, Bd. 4: *Aufsätze zur Geistesgeschichte und Religionssoziologie*, Tübingen 1925, S. 614–649.

und Überrationalen, zum Unbewußten, zum Geheim-
nis, gegen die unheile Gegenwart zu Ursprung und
Tradition, gegen die Auflösung der Bindungen, gegen
Entwurzelung und Entfremdung, zu Bindungen und
überindividuellen Gemeinschaften, gegen die bloßen
Begriffe zu den Symbolen, zu einer Welt, die, noch
und wieder, heimatlich ist, zum Mittelalter, zum Unendlichen und Unbegrenzten, zur Transzendenz; [...]
Die idealistische Philosophie versteht sich als Über-
windung der Aufklärung und als Neuinterpretation
und Erneuerung der christlichen Religion zugleich
[...].[51]

Der Historismus schließlich, der das Jahrhundert in besonders nachhaltiger Weise geprägt hat, war ein gemeinsa-
mes Produkt aufklärerischer, idealistischer und romanti-
scher Elemente.[52] Er deutete die Erscheinungen unter dem
Aspekt ihrer Gewordenheit und verband damit den Anspruch, sie ihrem Wesen nach genetisch, d. h. aus ihren Ent-
stehungsumständen auch vollständig erklären zu können.[53]
Obschon der Historismus sich, wie wir bei Ranke sahen,
gegen ein mechanistisch wirkendes Fortschrittsprinzip in
der Geschichte wandte, haben das moderne Geschichtsbe-
wußtsein und das Fortschrittsdenken ihren gemeinsamen
Entstehungsgrund in der Aufklärung. Der Antike wie dem
Mittelalter war die Denkfigur der Evolution entlang einer
Zeitschiene fremd. Die Fortschrittsidee beinhaltet im Kern,
daß alles Geschehen zeitlich linear erfolgt, daß die in Abfolge auftretenden Geschehnisse durch einen inneren Zusammenhang verbunden sind, also ›eins aus dem andern‹
hervorgehen, und dabei jeweils etwas Neues, Eigenes auf-

51 Nipperdey (s. Anm. 12) S. 404.
52 Vgl. Wolfgang Küttler [u. a.] (Hrsg.), *Geschichtsdiskurs*, Bd. 3: *Die Epoche
der Historisierung*, Frankfurt a. M. 1997.
53 Vgl. Friedrich Jaeger / Jörn Rüsen, *Geschichte des Historismus*, München
1992.

tritt. Soweit ist das durchaus auch im Historismus gedacht. Daß dieses Neue im Vergleich zum Vorhergehenden in jedem Falle besser sei, die gesamte Entwicklung mithin ein *telos* habe, einem positiven Ziel zustrebe, das ist dann die spezifische Zutat des Fortschrittsdenkens, das damit zur Geschichtsteleologie wird.[54]

2 *Säkularisierung und Rationalisierung*

Aufstieg und Überzeugungskraft der Fortschrittsidee stehen, wie bereits angedeutet, auch in Zusammenhang mit der umfassenden kausal-analytischen oder genetisch-erklärenden Durchdringung aller Daseinsbereiche durch die sich mächtig entfaltende Wissenschaft. Man kann das 19. Jahrhundert geradezu als die Epoche der modernen Einzelwissenschaften kennzeichnen. Diese entstanden auf dem Wege theoretisch-methodischer Verselbständigung aus der Philosophie oder bildeten sich im Zuge professioneller Spezialisierung aus älteren Formen der Naturbetrachtung und Naturerforschung zu eigenen Fachdisziplinen aus. »Die Regsamkeit und der Erfolg des wissenschaftlichen Spezialistentums ist vielleicht einer der stärksten Charakterzüge des Jahrhunderts«, stellte der Kulturphilosoph Ernst Troeltsch 1913 fest – und fügte mit einer für diesen Zeitpunkt schon bezeichnenden Fortschrittsskepsis hinzu, es sei »nur die Frage, wie lange der menschliche Geist und die menschlichen Nerven diese Überfülle des Wissens und der intellektuellen Arbeit aushalten, wie lange bei einer solchen Zersplitterung noch von einer geordneten Fortleitung und Beherrschung die Rede sein« könne.[55]

---

54 Zur Fortschrittsidee vorzüglich Friedrich Rapp, *Fortschritt. Entwicklung und Sinngehalt einer philosophischen Idee*, Darmstadt 1992, hier S. 12, 20; ferner Erwin Faul, »Ursprünge, Ausprägungen und Krisen der Fortschrittsidee, in: *Zeitschrift für Politik* 31 (1984) S. 241–290.
55 Troeltsch (s. Anm. 50) S. 625.

Die zergliedernde Ingriffnahme der Welt durch die instrumentelle Vernunft der Naturwissenschaften zeitigte weitreichende Weltanschauungswirkungen. Der Aufstieg des Bürgertums im 19. Jahrhundert war begleitet von der Ausformung einer säkularisierten Daseinsdeutung, die alle »Stationen der Entchristianisierung« bis hin zu Vulgärmaterialismus und Monismus durchlief.[56] Dieser Prozeß, der bereits in der Frühen Neuzeit einsetzte und schlechterdings ein Kennzeichen der modernen Welt ist, wird gemeinhin mit dem Begriff der Säkularisierung belegt.[57] Karl Löwith und andere Geschichtsphilosophen haben die These vertreten, daß die Idee des Fortschritts ihrer sinnstiftenden Funktion nach eine weltliche bzw. verweltlichte (säkulare) Entsprechung für die heilsgeschichtliche Idee der Vorsehung und die Idee der individuellen Unsterblichkeit sei.[58] Der Philosoph Hans Blumenberg hat gegen diese Auffassung kritisch eingewandt, sie nehme unausgesprochen wieder die Beweislast eines christlichen Monopols auf Welterklärung auf sich. Wenn Säkularisierung als Verweltlichung von Ideen und Vorstellungen verstanden werde, die eigentlich zur göttlichen Offenbarung gehörten, dann erscheine dieser zentrale Vorgang menschlicher Selbstbehauptung durch Vernunftgebrauch als Akt der Anmaßung und der Begriff

---

56 Nipperdey (s. Anm. 12) S. 440–451.

57 In dem durch *säkular* (›weltlich‹) umrissenen Bedeutungsfeld unterscheiden wir den hier verwendeten geschichtsphilosophischen Begriff der Säkularisierung von dem juristisch-politischen Begriff der Säkularisation, der die Enteignung und Übernahme kirchlichen Besitzes und kirchlicher Herrschaftsrechte durch den Staat zum Inhalt hat. Zur Begriffsgeschichte beider Varianten vgl. den Art. »Säkularisation, Säkularisierung«, in: *Geschichtliche Grundbegriffe* (s. Anm 8) Bd. 5, 1984, S. 789–829.

58 Vgl. Karl Löwith, »Weltgeschichte und Heilsgeschehen. Die theologischen Voraussetzungen der Gegenwartsphilosophie«, in: K. L., *Sämtliche Schriften*, Bd. 2, Stuttgart 1983; Hermann Lübbe, *Säkularisierung. Geschichte eines ideenpolitischen Begriffs*, 3. Aufl., Freiburg i. Br. / München 2003; jetzt Hartmut Lehmann, *Säkularisierung, Dechristianisierung, Rechristianisierung im neuzeitlichen Europa. Bilanz und Perspektiven der Forschung*, Göttingen 1997.

der Säkularisierung als eine »Kategorie des geschichtlichen Unrechts«: Der moderne Mensch greift in seiner Vermessenheit selbstherrlich auch nach den ›letzten‹ Dingen, den Dingen, die eigentlich Gottes sind. Eine solche Sicht würde den absoluten Primat christlich-theologischer Weltauslegung wiederherstellen. Damit würde die kritische Selbstvergewisserung des Menschen in der Autonomie seiner Vernunft unterlaufen und das christliche Dualitätsdogma der Zwei-Reiche-Lehre durch die Hintertür wieder in die Moderne eingeschmuggelt. Demgegenüber sollte man, so Blumenberg, im Sinne der »Selbstbehauptung der Vernunft« und der Unvoreingenommenheit und Offenheit der Erkenntnishaltung nicht von Verweltlichung, sondern von Weltlichkeit sprechen und darauf beharren, daß es dem Menschen ganz natürlich zukomme, seine Welt- und Selbstdeutung allein auf das zu gründen, was *in* der Welt vorfindbar ist – ohne Rückgriff auf außerweltliche (metaphysische) Seinsgründe.[59]

Es liegt nahe, in diesem Zusammenhang auch den Begriff der Rationalisierung einzuführen. In der uns interessierenden Bedeutung stammt dieser Begriff von dem Soziologen Max Weber, der damit eine universale Entwicklungstendenz von Staat, Wirtschaft und Gesellschaft in der Moderne bezeichnete. Daß Rationalisierung im Weberschen Sinne eine Schnittmenge mit dem Begriff der Säkularisierung gemeinsam hat, wird aus folgender Feststellung Webers deutlich: »Die zunehmende Intellektualisierung und Rationalisierung« bedeute nicht, sagte Weber in seinem berühmten Vortrag *Wissenschaft als Beruf,* daß man alles wisse, sondern bringe die Überzeugung zum Ausdruck, »daß man, wenn man nur wollte, es jederzeit erfahren könnte, daß es also prinzipiell keine geheimnisvollen unberechenbaren

---

59 Hans Blumenberg, *Säkularisierung und Selbstbehauptung,* erw. und überarb. Neuausg., 3. Aufl., Frankfurt a. M. 1985 [früher u. d. T.: *Die Legitimität der Neuzeit,* Tl. 1/2], Kap. »Säkularisierung – Kritik einer Kategorie des geschichtlichen Unrechts«.

Mächte gebe, die da hineinspielen, daß man vielmehr alle Dinge – im Prinzip – durch Berechnung beherrschen könne. Das aber bedeutet: die Entzauberung der Welt«.[60]

Rationalisierung ist nach Weber das Grundprinzip der bürgerlich-kapitalistischen Welt. Ihr Funktionsgesetz beherrscht die Kunst genauso wie die Wissenschaft und überhaupt das wirtschaftliche, gesellschaftliche, staatliche und rechtliche Leben des modernen Menschen. Was diese Rationalität in letzter Konsequenz hervorbringt, ist ein System allseitiger Abhängigkeit des Individuums von anonymen Strukturen, ist ein »stählernes Gehäuse«, ein »Gehäuse der Hörigkeit«, eine allgemeine »Verapparatisierung«, um mit Weberschen Formulierungen zu sprechen. Angetreten unter dem bürgerlich-modernen Emanzipationsbanner der Mündigkeit und Selbstverantwortlichkeit des Menschen, führt die zum allgemeinen Prinzip dogmatisierte Rationalität der Lebensführung letztlich zur Selbstentfremdung des Menschen.[61]

Wie kommt es aber, daß ein auf Freiheit und Verantwortlichkeit gegründetes Handlungsprinzip im Ergebnis ins Gegenteil umschlagen kann? Gelderwerb zum Zwecke der materiellen Sicherung des Lebens etwa ist rational, der mit unerbittlicher Konsequenz rationalisierte Gelderwerb um seiner selbst willen, als Selbstzweck, aber ist spezifisch irrational. Rationalität des Handelns heißt zunächst, einen durch Werte oder Bedeutungen gesetzten Zweck in freier Erwägung und Wahl der dazu geeigneten Mittel zu verfolgen. Wer in Abwägung der Erfolgschancen die gegebenen Mittel auf den vorgesetzten Zweck hin auswählt und zum Einsatz bringt, handelt rational. Die Irrationalität, die sich

60 Max Weber, *Gesammelte Aufsätze zur Wissenschaftslehre*, 4. Aufl., Tübingen 1973, S. 582–613, hier S. 594. Vgl. auch Johannes Winckelmann, »Die Herkunft von Max Webers ›Entzauberungs‹-Konzeption«, in: *Kölner Zeitschrift für Soziologie und Sozialpsychologie* 32 (1980) S. 12–53.
61 Zitate bei Karl Löwith, »Max Weber und Karl Marx«, in: K. L., *Sämtliche Schriften*, hrsg. von Klaus Stichweh, Bd. 5, Stuttgart 1988, S. 349, 361.

im Prozeß der Rationalisierung einstellt, entsteht durch die Verkehrung des grundlegenden Verhältnisses von Mittel und Zweck. Was ursprünglich bloßes Mittel zur Erreichung eines autonomen Zwecks war, wird im Handlungsvollzug selbst zum Zweck und verliert damit seinen ursprünglich rein funktionalen Sinn in einer an den Bedürfnissen orientierten Zweckrationalität. Diese Verkehrung kennzeichnet nach Weber die gesamte moderne Kultur, deren Einrichtungen und ›betriebliche Abläufe‹ so organisiert sind, daß sie nun den Menschen ihrerseits einschließen und bestimmen. Der Mensch muß sich der verselbständigten Rationalität der Institutionen unterwerfen, die ihrer ursprünglich bloß dienenden Mittel-Funktion unversehens entwachsen und zu herrschenden Zwecken geworden sind. In der Tat zeigt sich in vielen Bereichen des modernen Lebens, wie ein an sich rein zweckrational angelegter Handlungszusammenhang

> sich mit schicksalshafter Notwendigkeit in sein Gegenteil verkehrt und die sinnlose ›Irrationalität‹ eigenständiger und eigenmächtiger ›Verhältnisse‹ hervorbringt, die nun über das menschliche Verhalten herrschen. Das rationale Durchorganisieren der Lebensverhältnisse erwirkt aus sich selbst heraus die irrationale Eigenmacht der Organisation.[62]

Damit sind fundamentale Erfahrungen des Modernisierungsprozesses ausgesprochen, die sich über das 19. Jahrhundert hinaus bis in unsere Tage ungebrochen fortsetzen. Die Rat- und Hilflosigkeit der Politik gegenüber dem unverfügbar erscheinenden Automatismus ökonomischer, sozialer und technologischer Großprozesse kommt häufig im Begriff der Sachzwänge zum Ausdruck. Er signalisiert – quasi ein verbales Achselzucken der Resignation – das Eingeständnis, daß man das, was man an sich für richtig und

---

62 Ebd. S. 356.

notwendig hielte, nicht erreichen könne und man das Ge-
schehende einfach hinnehmen müsse.[63] Im Wirtschaftsleben
der hochentwickelten Industriegesellschaften unserer Tage
hat sich diese von Max Weber mit äußerstem Scharfsinn
diagnostizierte Entwicklung so weit verselbständigt, daß sie
– so noch einmal Löwith – »trotz aller äußeren Rationalität
– überhaupt kein durchsichtiges Verhältnis mehr zu den
Bedürfnissen der Menschen als solchen hat«.[64]

Hans Freyer hat in seiner *Theorie des gegenwärtigen
Zeitalters* diese »zu Ende geführte Rationalität« der industriellen Moderne im Modell des ›sekundären Systems‹ erfaßt: »Der Mensch wird den Institutionen willig gemacht
und ihnen angepaßt. Was er zu sein hat, sogar was er ist,
wird nicht von ihm selbst aus, sondern von seiner Stellung
und Funktion im Sachprozeß aus entschieden.« Freyer
weist darauf hin, daß – lange vor Max Weber – schon Karl
Marx diesen Sachverhalt der Entfremdung des Menschen
im Begriff des Proletariers auf den Punkt gebracht habe.
»Marx sah, daß das Proletariat in den ersten Jahrzehnten
des Industriesystems diesen Weg ging: nicht mehr Mensch
zu sein, sondern reine Arbeitskraft mit stark reduziertem
und durchaus fremdbestimmtem Arbeitsinhalt, Produzent
von Waren und Reproduzent seiner selbst.« In dieser Perspektive behielte die Figur des Proletariers auch nach dem
»Ende der Proletarität« universelle Gültigkeit – nicht als
konkreter Sozialtypus, sondern schlechthin als Metapher
des Menschen in der Moderne – als ein Mensch nämlich,
»der unter ein Sachsystem so entschieden subsumiert worden ist, daß Antriebe, die in ihm selbst entspringen, nicht
mehr zum Zuge kommen«.[65]

63 Vgl. Ulrich Teusch, *Freiheit und Sachzwang. Untersuchungen zum Verhältnis von Technik, Gesellschaft und Politik*, Baden-Baden 1993.
64 Löwith (s. Anm. 61) S. 356.
65 Freyer (s. Anm. 32) S. 79–93, Zitate S. 89. – Zum »Ende der Proletarität«
   in der westdeutschen Gesellschaft nach dem Zweiten Weltkrieg vgl. Josef
   Mooser, *Arbeiterleben in Deutschland 1900–1970*, Frankfurt a. M. 1984.

Kehren wir noch einmal zum Ausgangspunkt dieser Überlegungen zurück und fragen, welchen Niederschlag die »Entzauberung der Welt« durch Säkularisierung und Rationalismus im Denken der Menschen des 19. Jahrhunderts gefunden hat. Die Frage so zu stellen ist berechtigt, denn Weltauslegung ist immer auch Weltaneignung. Wir sehen dann, daß um die Jahrhundertmitte schon große Teile des Bürgertums sich die existentielle Sinnfrage mit einem materialistischen Gegenentwurf zur religiös-theologischen Heilssicht beantworteten, der mit Hilfe der Wissenschaften die Welt neu erklärte. Im populärwissenschaftlichen Materialismus der 1850er und 1860er Jahre – die wichtigsten Namen sind hier Carl Vogt, Ludwig Büchner, Jakob Moleschott, E. A. Roßmäßler –, der mit der konsequenten Ausscheidung aller metaphysischen Annahmen die finale Phase der rationalistischen Inbesitznahme der Welt einläutete, war übrigens auch ein im weitesten Sinne politischer Anspruch auf die Mitgestaltung der Verhältnisse in dieser Welt angemeldet.[66] Überzeugt von der quasi naturgesetzlichen Unaufhaltsamkeit des wissenschaftlichen und technischen Fortschritts, war sich dieses Bürgertum trotz der Erfahrungen und Enttäuschungen der gescheiterten Revolution von 1848/49 und der nachfolgenden Reaktion seines Besitzes der Zukunft gewiß. Insofern lag in Szientismus und Materialismus auch eine politische Antwort des Bürgertums auf die vormodernen Beharrungskräfte. Weithin spürbare Mobilisierungsvorgänge einer *Gesellschaft im Aufbruch*[67] – wir befinden uns in Deutschland in der Phase des ersten, machtvollen Industrialisierungsschubs – waren geeignet, diese optimistische Vision zu bestätigen. In seinen gesellschaftspoli-

---

66 Vgl. Hans Rosenberg, »Theologischer Rationalismus und vormärzlicher Vulgärliberalismus«, in: H. R., *Politische Denkströmungen im deutschen Vormärz*, Göttingen 1972, S. 18–50; Hermann Lübbe, *Politische Philosophie in Deutschland. Studien zu ihrer Geschichte*, München 1974.

67 So der programmatisch gewählte Titel einer neuen Epochensicht auf die Jahrzehnte vor der Reichsgründung von Wolfram Siemann, *Gesellschaft im Aufbruch. Deutschland 1849–1871*, Frankfurt a. M. 1990.

tischen Folgerungen hat der naturwissenschaftliche Materialismus die Interessen des aufsteigenden industriellen Bürgertums reflektiert. Der Legitimationsverlust religiöser Normen und die Relevanzkrise transzendentaler Heilsverheißungen verwiesen den modernen bürgerlichen Erfahrungsmenschen existentiell darauf, seine Daseinserfüllung im Diesseits, im Hier und Heute zu suchen.[68] Daß ungeachtet der vorwaltenden Säkularisierungstendenzen und bei aller Dominanz innerweltlicher Sinnbegründungen doch auch Religion und Religiosität sich in bestimmten Formen behaupteten und in der zweiten Hälfte des 19. Jahrhunderts vielleicht sogar eine gewisse Renaissance erlebten, ist wohl richtig.[69] Auch der Prozeß der Säkularisierung war natürlich den Bedingungen seiner Zeitlichkeit unterworfen und wies gerade im Maße seines Erfolgs auch Wandlungen und Verzögerungen auf – bis hin zum (temporären) Stillstand.[70] Wenn sich gegen den vorherrschenden Materialismus und Positivismus der bürgerlichen Weltsicht am Ende des Jahrhunderts dann mit großer Heftigkeit Widerstände und Gegenbewegungen zeigten, die auf die ›Überrationalisierung‹ der Welt gleichsam reflexhaft mit der Flucht in neue Irrationalismen antworteten, so widerlegt dies nicht das Paradigma der Säkularisierung, sondern offenbart vielmehr die Dialektik des Modernisierungsprozesses.[71]

68 Vgl. dazu exemplarisch Franz J. Bauer, *Bürgerwege und Bürgerwelten. Familienbiographische Untersuchungen zum deutschen Bürgertum im 19. Jahrhundert*, Göttingen 1991, S. 67–81.

69 Dies betont mit Nachdruck schon Thomas Nipperdey, *Religion im Umbruch*, München 1988, und wieder in: Th. N., *Deutsche Geschichte 1866–1918*, Bd. 1, 2. Aufl., München 1991, Kap. XII.

70 Lucian Hölscher, »Die Religion des Bürgers. Bürgerliche Frömmigkeit und protestantische Kirche im 19. Jahrhundert«, in: *Historische Zeitschrift* 250 (1990) S. 595–627, gelangt in diesem Zusammenhang zu der treffenden Feststellung, der »Prozeß einer stetig fortschreitenden Säkularisierung« scheine gegen die Jahrhundertwende zu »in eine Wellenbewegung periodischer ›Konjunkturen‹ des religiösen Lebens übergegangen zu sein« (S. 627).

71 Man könnte den Eindruck gewinnen, daß gegenwärtig eine Art Re-Christianisierung der Sozialgeschichte im Gange ist (vgl. den Sammelband von

3 Emanzipation und Partizipation

Ein weiterer Leitprozeß der Modernisierung läßt sich mit den Begriffen von Emanzipation und Partizipation erfassen. Der Ausdruck ›Emanzipation‹ hat v. a. in der ersten Hälfte des 19. Jahrhunderts seine eigene Geschichte.[72] Als Kampf- und Bewegungsbegriff schon in Aufklärung und Französischer Revolution im Schwange, stand er auch bei Liberalen und Demokraten bis zur Revolution von 1848 hoch im Kurs. In den deutschen Sprachschatz ging das Wort aus dem Französischen erst im letzten Jahrzehnt des 18. Jahrhunderts ein, wobei es zunächst noch vorwiegend transitiv gebraucht wurde in der Bedeutung von »Lossprechung, Entlassung und Freilassung aus väterlicher oder vormundschaftlicher Gewalt« (Chr. Fr. Schwan, *Nouveau dictionnaire de la langue allemande et françoise*, 2. Aufl., Mannheim 1787), oder, ganz ähnlich, bei J. H. Campe (*Wörterbuch zur Erklärung und Verdeutschung der unserer Sprache aufgedrungenen fremden Ausdrücke*, Braunschweig 1801) als »Losgebung oder Entlassung, z. B. aus der väterlichen Gewalt, aus der Leibeigenschaft«: Emanzipation war hier also noch verstanden als ein Akt patriarchalisch-obrigkeitlicher Gewährung, des freiwilligen Verfügungsverzichts über eine herrschaftlich gebundene Person, ihre Entlassung aus dem Objekt- in den Subjektstatus.

Olaf Blaschke / Frank-Michael Kuhlemann (Hrsg.), *Religion im Kaiserreich. Milieus – Mentalitäten – Krisen*, 2. Aufl., Gütersloh 2000), und man mag darin einen normalen Pendelrückschlag gegen einseitig areligiöse Deutungen des 19. Jahrhunderts sehen. Wenn dann stärker als bisher das Vorhandensein religiöser Gegentendenzen zur Säkularisierung in den Blick gerückt wird, so handelt es sich bei diesen Erscheinungen, wie auch die beiden Herausgeber in ihrer Einleitung implizit einräumen, eben doch nur um eine »Renaissance religiöser Orientierung« bzw. um »Rekonfessionalisierung« (ebd., S. 10) – also um Versuche der Wiedergewinnung von Verlorenem.

72 Zum Folgenden der Art. »Emanzipation«, in: *Geschichtliche Grundbegriffe* (s. Anm. 8) Bd. 2, 1975, S. 153–197.

Sein volles Potential entfaltet das Schlagwort dann freilich erst im intransitiven oder reflexiven Verbalgebrauch:
sich emanzipieren, das heißt, sich mittels eigener Kraft und
Einsicht lösen aus Abhängigkeit, Bindung und Untertänig-
keit, heißt schlicht und einfach: sich freimachen, sich be-
freien. So gesehen hätte Immanuel Kant auch den Begriff
der Emanzipation verwenden können, als er 1784 in seiner
berühmten Formulierung Aufklärung definierte als »Ausgang des Menschen aus seiner selbstverschuldeten Unmün-
digkeit«. Auch die Vorgänge, die wir im vorhergehenden
Abschnitt mit den Prozeßkategorien der Säkularisierung
und Rationalisierung erfaßt haben – die philosophische
Selbstermächtigung des Menschen durch seine Loslösung
vom heilsteleologisch abgestützten Weltauslegungs- und
Sinnstiftungsmonopol der Religion –, ließen sich unter diesen Begriff der Emanzipation subsumieren.

Nun geht es uns natürlich, wenn wir Emanzipation und
Partizipation als Leitprozesse des 19. Jahrhunderts vorstel-
len, nicht um die Geschichte des Begriffs in seiner ganzen
Breite. Wir fassen hier vielmehr Emanzipation im engeren
Sinne politisch auf und meinen damit die Gesamtheit der
Tendenzen, die darauf abzielen, das naturrechtlich autonom
gedachte Individuum aus den durch Überlieferung, Ge-
wohnheit und Dogma, durch überkommene Rechtsverhält-
nisse, durch monarchische Prärogative oder fürstlichen Des-
potismus gesetzten Beschränkungen seiner Denk- und
Handlungsfreiheit herauszulösen.[73] Der erste Schritt zur
Emanzipation ist dabei immer die Kritik, die Kritik der bestehenden, die Freiheit des einzelnen behindernden oder
verhindernden Verhältnisse. »Unser Zeitalter«, so heißt es
bei Kant in der Vorrede zur *Kritik der reinen Vernunft* 1781,

---

73 Dieser Prozeß spiegelt sich auch in der Geschichte der positiven Zielkate-
gorie der Freiheit; vgl. Jürgen Schlumbohm, *Freiheit. Die Anfänge der bürgerlichen Emanzipationsbewegung in Deutschland im Spiegel ihres Leitwortes (ca. 1760 – ca. 1800)*, Düsseldorf 1975.

ist das eigentliche Zeitalter der Kritik, der sich alles unterwerfen muß. Religion, durch ihre Heiligkeit, und Gesetzgebung, durch ihre Majestät, wollen sich gemeiniglich derselben entziehen. Aber alsdenn erregen sie den gerechten Verdacht wider sich und können auf unverstellte Achtung nicht Anspruch machen, die die Vernunft nur demjenigen bewilligt, was ihre freie und öffentliche Prüfung hat aushalten können [...].[74]

Diese Kritik ist zunächst die Sache einer relativ kleinen Gruppe oder Schicht von Intellektuellen, einer literarisch und publizistisch aktiven Avantgarde, und sie bedarf zu ihrer Wirkung der Foren, sie bedarf einer Öffentlichkeit, denn nur die Öffentlichkeit ermöglicht den Diskurs. Daher ist, wird das Prinzip der Kritik auf die gesellschaftliche und politische Praxis der Zeit angewendet, die Forderung nach Pressefreiheit eine der ersten und wichtigsten und eine der am härtesten umkämpften Forderungen des Liberalismus.[75]

Die Kritik als Instrument der Emanzipation betätigt sich v. a. auf drei Feldern. Eines haben wir bereits kennengelernt – das Feld der Daseinsdeutung und Sinnstiftung und der Heilsverwaltung durch die etablierten Religionen. Ein zweites betrifft die Organisation der politischen Herrschaft. Hier richtet sich die Kritik gegen den im Zeitalter des Absolutismus unterschiedlich weit durchgesetzten Anspruch auf alleinige Verfügung über die politische Macht seitens der Monarchen, ihrer Regierungen und der Bürokratie. Ein drittes Feld sind die Beschränkungen der wirtschaftlichen Betätigungsfreiheit durch ständische Privile-

---

74 Immanuel Kant, *Kritik der reinen Vernunft*, Tl. 1, Darmstadt 1956 (*Werke in sechs Bänden*, hrsg. von Wilhelm Weischedel, Bd. 2), S. 13 (Fußnote); vgl. auch Art. »Kritik«, in: *Geschichtliche Grundbegriffe* (s. Anm. 8) Bd. 3, 1982, S. 651–675, hier S. 662.

75 Vgl. Dieter Grimm, »Soziale Voraussetzungen und verfassungsrechtliche Gewährleistungen der Meinungsfreiheit«, in: D. G., *Recht und Staat der bürgerlichen Gesellschaft*, Frankfurt a. M. 1987, S. 232–263; Möller (s. Anm. 48) S. 281–289.

gien und Korporationen. Hier richtet sich die Kritik gegen
die Residuen des Feudalismus, die rechtliche Bindung des
Bodens an den Adel, die Bindung der bäuerlichen Bevölkerung an den Boden, gegen die zünftische Ordnung von
Handwerk und Gewerbe, überhaupt gegen die Beschränkung der Freizügigkeit und Mobilität von Personen und
Sachen. Die unter dem Schlagwort der Bauernbefreiung
ins Werk gesetzten Agrarreformen ebenso wie der Kampf
um Gewerbefreiheit sind unmittelbarer Ausdruck dieser
Emanzipationstendenz. Ein vierter Bereich, der aber mit
dem zweiten und dem dritten sich vielfach überschneidet,
wäre schließlich der Bereich des Rechts. Gemäß dem natur-
rechtlich-aufklärerischen Prinzip, daß alle Menschen frei
und rechtlich gleich geboren oder geschaffen sind, verfallen
alle Privilegien und Deprivationen, die nicht in persönli-
chem Verdienst bzw. persönlicher Schuld, sondern allein in
Geburt und Stand begründet sind, dem Verdikt. In den
Grundrechtskatalogen der großen Verfassungskodifikatio-
nen von der amerikanischen *Bill of Rights* über die Konsti-
tutionen der französischen Revolutionszeit bis hin zur
Paulskirchenverfassung findet diese Tendenz ihren rechts-
dogmatischen Niederschlag.[76]

Emanzipation, die als Bewegung und Prozeß aus dem
18. Jahrhundert heraus wie eine große Welle das 19. Jahrhundert durchläuft, erfaßt und betrifft dabei ganz unter-
schiedliche Bevölkerungsgruppen: zunächst Bürger und
Bauern, aber auch die Juden, dann in der zweiten Hälfte
vor allem die Arbeiterschaft, zuletzt die Frauen.[77] Ergän-

---

76 Vgl. Dieter Grimm, »Die Entwicklung der Grundrechtstheorie in der deutschen Staatsrechtslehre des 19. Jahrhunderts«, in: *Grund- und Freiheitsrechte von der ständischen zur spätbürgerlichen Gesellschaft*, hrsg. von Günter
   Birtsch, Göttingen 1987, S. 234–266; Hans Erich Bödeker, »Menschenrechte
   im deutschen publizistischen Diskurs vor 1789«, in: ebd., S. 392–433.
77 Vgl. Ulrich Scheuner, »Die Verwirklichung der bürgerlichen Gleichheit.
   Zur rechtlichen Bedeutung der Grundrechte in Deutschland zwischen 1780
   und 1850«, in: *Grund- und Freiheitsrechte im Wandel von Gesellschaft und
   Geschichte*, hrsg. von Günter Birtsch, Göttingen 1981, S. 376–401; zur Lage

zend zur Emanzipation durch Kritik und an deren Erfolge
anschließend treten im gleichen Zusammenhang Forderungen auf, die man unter dem Prozeßbegriff der Partizipation
zusammenfassen kann. Denn natürlich genügt es nicht,
etwa im Bereich der politischen Herrschaftsorganisation
die fürstliche Vormacht oder Allmacht nur zu kritisieren,
weil sie die Teilhabe der Untertanen an der politischen
Macht verhindere und es diesen Untertanen verwehre, Bürger – Staatsbürger, *citoyens* – zu sein. Es muß vielmehr dem
kritisierten Zustand ein positiver Entwurf gegenübergestellt werden, und dieser Gegenentwurf steht unter dem
Schlagwort von *constitution*, von Verfassung, basierend auf
den Prinzipien von Repräsentation und Volkssouveränität.
Die Verfassungsbewegung ist mithin ein zentrales Phänomen der auf Emanzipation und Partizipation gerichteten
Entwicklung, die das ganze 19. Jahrhundert bestimmt. Der
Kampf um Verfassung, das Ringen der aufsteigenden bürgerlichen Schichten um die Teilhabe an der politischen
Macht ist ein weiterer Grundzug der Epoche.[78] Die historische Kraft, die den Prozeß von Emanzipation und Partizipation vorantreibt, ist der Liberalismus, und das program-
matische Ideal dieser Bewegung ist die ›bürgerliche‹ Gesellschaft der freien und gleichen und selbständigen mittleren
Existenzen.[79] Dieses Gesellschaftsideal behauptet seine
Leitbildfunktion bis etwa zur Mitte des Jahrhunderts, dann
wird es von den inneren Widersprüchen der gesellschaftli-

---

und Emanzipation der Juden vgl. Shulamit Volkov, *Die Juden in Deutschland 1780–1918*, München 1994; zur Emanzipation der Frauen Karin Hausen [u. a.] (Hrsg.), *Frauengeschichte – Geschlechtergeschichte*, Frankfurt
a. M. 1992; Rosemarie Nave-Herz, *Die Geschichte der Frauenbewegung in
Deutschland*, 5. Aufl., Leverkusen 1997.

78 Vgl. allg. Elisabeth Fehrenbach, *Verfassungsstaat und Nationsbildung
1815–1871*, München 1992; zur Verfassung als politisches Basiskonzept der
Epoche Dieter Grimm, *Deutsche Verfassungsgeschichte 1776–1866*, Frankfurt a. M. 1988.

79 Vgl. Dieter Langewiesche, *Liberalismus in Deutschland*, Frankfurt a. M.
1988, und ders., *Liberalismus im 19. Jahrhundert*, Göttingen 1988.

chen Realentwicklung zusehends überholt und ausgehöhlt – und dies z. T. ganz klar auch durch die Erfolge selbst, die der bürgerliche Liberalismus in den Jahrzehnten nach der Revolution von 1848/49 errungen hat.

Emanzipation und Partizipation wurden zwar zunächst von bürgerlichen Schichten getragen, sie blieben aber in ihrer Ausstrahlungskraft und ihrem Geltungsanspruch nicht auf das Bürgertum beschränkt. Die sich entwickelnde bürgerliche Gesellschaft selbst brachte aus sich neue, unterbürgerliche Schichten hervor, die sich im Hinblick auf ihre eigene, benachteiligte Stellung in Wirtschaft, Gesellschaft und Politik die Forderungen nach Emanzipation und Partizipation zu eigen machten und sie – z. T. auch gegen das Bürgertum – durchzusetzen versuchten. Die mit der Industrialisierung entstehende Lohnarbeiterschaft forderte ihren Anteil am Erfolg der bürgerlichen Gesellschaft – ökonomisch, sozial, politisch und kulturell.[80] Während einige Gruppen des Bürgertums in der zweiten Hälfte des 19. Jahrhunderts bereits vergessen zu haben schienen, daß sie einst mit der Emanzipationsparole groß geworden waren, und nun ihrerseits, wie zwei oder drei Generationen zuvor noch der Adel, nach unten exklusiv und oppressiv auftraten, verlangten die wachsenden unterbürgerlichen Schichten ihre Beteiligung am Staatsleben, eben ihre Partizipation. Das politische Feld, auf dem sich dieser Kampf abspielte, war das Wahlrecht, das es zu demokratisieren, und die Repräsentanz in den Parlamenten, die es zu verbreitern galt.[81] Das Problem, das sich unter dem Begriff der Demokratisierung dann im letzten Drittel des Jahrhunderts stellte, war das Problem der Massen und ihrer Integration in Staat und Gesellschaft.

80 Vgl. Jürgen Kocka, *Arbeitsverhältnisse und Arbeiterexistenzen. Grundlagen der Klassenbildung im 19. Jahrhundert*, Bonn 1990; Gerhard A. Ritter / Klaus Tenfelde, *Arbeiter im Deutschen Kaiserreich 1871 bis 1914*, Bonn 1992.

81 Vgl. Gerhard A. Ritter (Hrsg.), *Der Aufstieg der deutschen Arbeiterbewegung*, München 1990; Karl Rohe, *Wahlen und Wählertraditionen in Deutschland*, Frankfurt a. M. 1992.

Viele Angehörige der traditionellen Eliten reagierten auf diese Herausforderung mit Ratlosigkeit, Unbehagen und zu Aggressivität neigender Angst. Die diffuse Untergangsstimmung, die sich unter der Chiffre des *Fin de siècle* in Europa breitmachte[82], speiste sich nicht zuletzt aus der Furcht vor der Überwältigung der bürgerlichen Welt durch die aufsteigenden »Massen«. Ein Buch wie die *Psychologie der Massen*, das der französische Arzt Gustave Le Bon 1895 veröffentlichte (erste deutsche Ausgabe 1908), und sein enormer Publikumserfolg sind ein sprechendes Symptom dieser Dekadenzempfindung und nervösen Irritation. Le Bon sah ein »Zeitalter der Massen« heraufziehen, in dem die Politik der Staaten nicht mehr von Überlieferung und vernünftiger Überlegung bestimmt würde, sondern nur noch von den Instinkten und Affekten der Masse – was für ihn nichts anderes bedeutete als die Zerstörung aller Kultur:

Bisher wurden die Kulturen von einer kleinen, intellektuellen Aristokratie geschaffen und geleitet, niemals von den Massen. Die Massen haben nur Kraft zur Zerstörung: Ihre Herrschaft bedeutet stets eine Stufe der Auflösung. Eine Kultur setzt feste Regeln, Zucht, den Übergang des Triebhaften zum Vernünftigen, die Vorausberechnung der Zukunft, überhaupt einen hohen Bildungsgrad voraus – Bedingungen, für welche die sich selbst überlassenen Massen völlig unzugänglich sind. Vermöge ihrer nur zerstörerischen Macht wirken sie gleich jenen Mikroben, welche die Auflösung geschwächter Körper oder Leichen beschleunigen. Ist das Gebäude einer Kultur morsch geworden, so führen die Massen seinen Zusammenbruch herbei. Jetzt

---

82 Das ganze Tableau pessimistischer Niedergangs- und Untergangsstimmungen wird aus der Sicht des Zeitgenossen entfaltet bei Georg Steinhausen, »Verfallsstimmung im kaiserlichen Deutschland«, in: *Preußische Jahrbücher* 194 (Okt.–Dez. 1923) S. 153–185.

tritt ihre Hauptaufgabe zutage. Plötzlich wird die blin-
de Macht der Masse für einen Augenblick zur einzigen
Philosophie der Geschichte.[83]

Natürlich sagt diese Charakterisierung mit ihrer resignati-
ven Beschwörung der einstigen kulturellen Hegemonie der
alten Eliten sehr viel mehr über die mentale Befindlichkeit
des Bildungsbürgertums am Ende des 19. Jahrhunderts aus
als über die Massen selbst. Mit der psychologisierenden
Unterstellung der Triebgesteuertheit der Unterschichten,
der die bürgerliche Kardinaltugend der Selbstdisziplinie-
rung kontrastiert, und mit ihrer biologistisch-hygienischen
Metaphorik ist sie im übrigen höchst modern.[84] Die Auslas-
sung Le Bons zeigt aber auch, wie wenig man in der bürgerlichen Intelligenz über die tatsächliche Situation der sozialistischen Massenbewegung, die man so panisch fürchte-
te, Bescheid wußte. Längst hatten in Frankreich wie in
Deutschland die sozialistischen und sozialdemokratischen
Organisationen der Arbeiterschaft zentrale bürgerliche
Werte und Normen – allen voran Bildung, Ordnung und
Disziplin – übernommen und auf breiter Front durchge-
setzt. Darauf beruhte ja nicht zuletzt ihre wachsende Stärke
und ihr unaufhaltsam erscheinender Aufstieg. Die ver-
meintliche Bedrohung abendländischer Kultur durch die
Massen war, wie dann der Erste Weltkrieg zeigen sollte, vor
allem ein Problem der Dämonisierung der Massen in der
bürgerlichen Wahrnehmung. Der Übergang von der (liberalen) bürgerlichen Gesellschaft zur industriellen Massengesellschaft jedenfalls bildete den Kern des universalen Pro-
zeßgeschehens der Epoche, die wir hier behandeln.[85]

83 Gustave Le Bon, *Psychologie der Massen*, 15. Aufl., Stuttgart 1982, S. 4 f.
84 Zur Verwendung medizinisch-biologischer Topoi im politischen Diskurs
   der Moderne vgl. für Deutschland Paul Weindling, *Health, Race and German Politics between National Unification and Nazism, 1870–1945*, Cambridge 1989.
85 »Die Gesellschaft, die sich am Beginn des [19.] Jahrhunderts vom Staat
   emanzipierte«, schreibt Hans Mommsen, »unterwarf ihn am Ende weitge-

Den noch stark vom Idealismus geprägten Historikern des 19. Jahrhunderts erschien das Prinzip der Emanzipation überhaupt als die dominierende Epochentendenz. Franz Schnabel kennzeichnete das 19. Jahrhundert als ein kurzes »Zeitalter der Freiheit zwischen den beiden Zeitaltern der Autorität, von denen das eine ein volles Jahrtausend in Geltung war und das andere, das Massenzeitalter jetzt gerade sich herausbildet und vermutlich auch von sehr langer Dauer sein wird«.[86]

In ganz ähnlicher Weise hat der italienische Geschichtsphilosoph Benedetto Croce in Emanzipation und Partizipation die beiden entscheidenden Antriebskräfte des Jahrhunderts gesehen. Er betonte, daß sich das Freiheitsstreben nicht nur auf innergesellschaftliche Demokratisierung richtete, sondern auch die Befreiung von Fremdherrschaft umfaßte, wie sich das besonders deutlich in den nationalen Unabhängigkeitsbestrebungen der Griechen, der Polen und der Italiener zeigte. Croce spricht emphatisch von einer »Religion der Freiheit«, die das 19. Jahrhundert beherrscht habe.[87] Bei Schnabel mischten sich demgegenüber bereits vernehmlich Töne der Skepsis in die Bilanz der Epoche. Ihm stand die Ambivalenz des Emanzipationsprozesses vor Augen, und damit letztlich derselbe Vorgang, den Hans Mommsen als den Übergang von der liberalen Bürgergesellschaft zur Massendemokratie analysiert. Daß hierbei eine qualitative Veränderung im Prozeß der Modernisie-

---

hend den eigenen Zwecken, während sie sich selbst aus einer bürgerlich-liberalen Bildungsgesellschaft umformte in eine nivellierte Massendemokratie, in der der Kampf der Klassen von einer funktionalistisch arbeitsteiligen sozialen Gliederung überlagert wurde.« (Mommsen, s. Anm. 35, S. 217) Zur Aspektevielfalt des Partizipationsproblems vgl. Peter Steinbach (Hrsg.), *Probleme politischer Partizipation im Modernisierungsprozeß*, Stuttgart 1982.

86 Franz Schnabel, »Zur Einführung in das Gesamtwerk«, in: F. Sch., *Deutsche Geschichte im neunzehnten Jahrhundert*, Bd. 1, Freiburg [u. a.] 1964, S. 10.

87 Benedetto Croce, *Geschichte Europas im 19. Jahrhundert*, 2. Aufl., Zürich 1947 [Frankfurt a. M. 1993], Kap. 1: »Die Religion der Freiheit«.

rung selbst von möglicherweise epochaler Dimension vor-
liegt, ist eine Interpretation, die auch heute wieder zur
Erörterung gestellt wird.[88]

4 Differenzierung und Integration:
Nationsbildung und nationale Einigung

Jene säkularen Tendenzen, die wir mit Begriffen wie Emanzipation, Partizipation und Demokratisierung umschrieben
haben, führten im Übergang vom 18. zum 19. Jahrhundert
und bis in dessen Mitte auf breiter Front zur Auflösung
traditionaler Sozial- und Herrschaftsverbände.[89] Mit dem
Ende von Gutsherrschaft und Grundherrschaft auf dem
Lande wie durch die Abschaffung zünftischer Organisati-
onsweisen von Handwerk und Kleingewerbe in den Städten wurden große Teile der Bevölkerung aus paternalisti-
schen Daseinsformen freigesetzt, die einerseits zwar gewiß
gravierende Beschränkungen individueller Autonomie und
Fesselung persönlicher Initiative bedeutet, in der sozialen
und rechtlichen Bindung aber andererseits auch bis zu einem gewissen Grade die Abdeckung existentieller Bedürfnisse gewährleistet hatten. In dem Maße, wie solche klein-
räumigen Strukturen von Einbindung und Abhängigkeit
delegitimiert und abgebaut wurden, trat das in Freiheit ge-
setzte Individuum in ein neues Verhältnis zum Staat. In
idealtypischer Konstruktion könnte man sagen: Nach dem
Wegfall aller mediaten Instanzen der Gesellschafts- und
Herrschaftsorganisation stand der einzelne dem Staat unmittelbar – in einem Immediatverhältnis also – gegenüber.
Der Emanzipationsprozeß war mithin in erheblichem Um-

88 Panajotis Kondylis, *Der Niedergang der bürgerlichen Denk- und Lebensform. Die liberale Moderne und die massendemokratische Postmoderne*,
Weinheim 1991, S. 8 f., 12 f.
89 Vgl. allg. Lothar Gall, *Von der ständischen zur bürgerlichen Gesellschaft*,
München 1993 (mit weiterführender Literatur); ferner Wehler (s. Anm. 13).

fang von sozialer und politischer Differenzierung und Desintegration begleitet. Für die davon betroffenen Menschen, die zumindest in den unteren Sozialschichten mental auf vergleichsweise eng bezogene und genau definierte Lebens- und Sinnhorizonte eingestellt waren, brachte dies zweifellos Identitäts- und Orientierungsprobleme mit sich.

Vor der Folie dieser Desintegrationsvorgänge gewinnt nun ein weiterer Leitprozeß des 19. Jahrhunderts, der Prozeß von Nationsbildung und Nationalstaatsgründung, seine besondere Bedeutung (ohne daß damit freilich ein unmittelbarer kausaler Zusammenhang zwischen rechtlich-sozialer Desintegration im Modernisierungsprozeß und nationaler bzw. nationalstaatlicher Integration postuliert werden soll). In der Idee der Nation entwirft die mit dem Liberalismus ideell eng verzahnte nationale Bewegung eine neue Dimension überindividueller Vergemeinschaftung.[90] Der nun nicht mehr dynastisch, sondern national definierte und legitimierte Staat stellt den politischen und rechtlichen Rahmen für den Prozeß einer Integration, die auf fallweise ganz unterschiedlichen Gemengelagen von ethnischen, sprachlich-kulturellen oder historisch-politischen Zusammengehörigkeitsempfindungen und Zugehörigkeitserfahrungen basiert. Die Idee der Nation ist ihrem Wesen nach moralischer Appell oder, so Max Weber: ›Zumutung‹.[91] Sie verlangt vom einzelnen, daß er über die primordialen, gleichsam natürlich vorgegebenen Gemeinschaftsformen von Familie, Sippe oder Stamm und über die immer noch konkret erfahrbaren gesellschaftlichen Verbandsbildungen der Dorf- oder Religionsgemeinde, der vormodernen Stadt

---

90 Für den Einstieg in die Thematik nach wie vor nützlich Peter Alter, *Nationalismus*, 5. Aufl., Frankfurt a. M. 1997. Zum Diskussionsstand über die vormodernen Frühformen des Nationalismus vgl. Reinhard Stauber, »Nationalismus vor dem Nationalismus. Eine Bestandsaufnahme der Forschung zu ›Nation‹ und ›Nationalismus‹ in der Frühen Neuzeit«, in: *Geschichte in Wissenschaft und Unterricht* 47 (1996) S. 139–165.

91 Vgl. Max Weber, *Wirtschaft und Gesellschaft*, Tübingen 1976, S. 528–530.

oder des kleinen Territorialstaats hinaus ein übergeordnetes
Loyalitätsempfinden gegenüber dem abstrakten Kollektivsubjekt des ›Volkes‹, der ›Nation‹ entwickle. Das heißt: der
einzelne bezieht in der Idee der Nation seine Eigenexistenz
auf das Volk und dessen politische Organisation im souveränen Nationalstaat als die höchsten innerweltlichen Wert-
instanzen. Nationsbildung nimmt ihren Ausgang in den
Köpfen, und zwar zunächst in den Köpfen weniger, in der
Regel einer intellektuellen Avantgarde, von der sie dann in
einem komplexen kommunikativen Prozeß auch breiteren
Bevölkerungsschichten identitätsstiftend und mobilisierend
vermittelt wird.[92] Der moderne Nationalismus, wie er sich
seit der Amerikanischen und der Französischen Revolution
herausbildete, ist Ideologie und politische Bewegung zugleich. Er hat sich in der Geschichte als ein in hohem Maße
dynamisches, kollektive Emotionen erweckendes Prinzip
erwiesen.[93]

Die Idee der Nation, so könnte man sagen, fängt das
durch die Aufklärung eben erst aus seinen traditionalen
Bindungen herausgelöste und in monadische Autonomie
entlassene Individuum wieder ein. Die Idee der Nation hat
demnach Emanzipation zur Voraussetzung und ist doch
zugleich eine Gegentendenz dazu, weil sie auf der Basis eines neuen Legitimationsprinzips den Einzelnen wiederum
in überpersonale Zusammenhänge und Abhängigkeiten
einbindet. Diese sind in letzter Konsequenz nicht weniger
umfassend, zwingend und fundamental als alle früheren,
durch die Aufklärung emphatisch überwundenen Bindungen und Verpflichtungen, einschließlich der religiös-kon-

---

92 Unter den neueren Beiträgen zur Nationalismustheorie besonders einfluß-
reich Ernest Gellner, *Nationalismus und Moderne*, Berlin 1991; Benedict
Anderson, *Die Erfindung der Nation. Zur Karriere eines folgenreichen
Konzepts*, 2. Aufl., Frankfurt a. M. / New York 1993 [erw. Ausg. 1998]; Eric
J. Hobsbawm, *Nationen und Nationalismus. Mythos und Realität seit 1780*,
Frankfurt a. M. / New York 1991.
93 Zur emotiven Valenz der Nationsidee vgl. den Sammelband von Etienne
François [u. a.] (Hrsg.), *Nation und Emotion*, Göttingen 1995.

fessionellen. Auch im Namen der Nationsidee kann der Anspruch an den Einzelnen sakrale Dimensionen annehmen und bis zur Forderung nach Selbstpreisgabe der individuellen Existenz gehen.[94]

An der Wiege des modernen Konzepts der Nation standen – wenn man so stark vereinfachen darf – Rousseau und Herder. Die Lehre von der Volkssouveränität, mit der das monarchische Gottesgnadentum grundsätzlich und radikal in Frage gestellt wurde, korrespondierte mit Rousseaus Postulat einer *volonté générale*, die er der *volonté de tous* entgegenstellte. Es war der Tendenz nach eine Absage an den naturrechtlichen Individualismus und erhob das Volk zur Kollektivpersönlichkeit, der das Wollen des einzelnen bedingungslos untergeordnet wurde. In Herders organischem Konzept wurde das Volk als geschichtlich gewordene Ganzheit begriffen, als handelndes Subjekt der Geschichte und als transzendentale Wesenheit. Im »Volksgeist«, wie er in Sprache und Sitte Ausdruck fand, offenbarte sich der Geist Gottes.[95]

Während aber der Volksbegriff des 18. Jahrhunderts noch kosmopolitisch und menschheitlich angelegt war, gewann er in der Konfrontationserfahrung der Deutschen mit dem napoleonischen Frankreich eine zunehmend exklusiv-hermetische, xenophobisch-aggressive und missionarisch-fanatische Tendenz. Die national-patriotische Publizistik eines Ernst-Moritz Arndt oder Friedrich Ludwig Jahn, des »Turnvaters«, gibt davon ebenso Zeugnis wie die Kampfes- und Kriegslyrik Heinrich von Kleists.[96] Im ersten Jahrzehnt

---

94 Vgl. allg. Hagen Schulze, *Staat und Nation in der europäischen Geschichte*, München 1994.

95 Vgl. Manfred Jacobs, »Die Entwicklung des deutschen Nationalgedankens von der Reformation bis zum deutschen Idealismus«, in: *Volk – Nation – Vaterland. Der deutsche Protestantismus und der Nationalismus*, hrsg. von Horst Zilleßen, Gütersloh 1970, S. 51–110.

96 Hagen Schulze, *Der Weg zum Nationalstaat. Die deutsche Nationalbewegung vom 18. Jahrhundert bis zur Reichsgründung*, 2. Aufl., München 1986, S. 58–70.

des 19. Jahrhunderts – das wird zum bleibenden Merkmal deutscher Nationsbildung – vollzieht sich in einem dialektischen Wechselspiel von französischer Expansionspolitik und deutscher Ohnmachtserfahrung die Wendung der deutschen Nationalidee hin zu Macht und Staat, zur Staatsmacht und zum Machtstaat. Es war, so könnte man sagen, ein tragisches, nur aus der historischen Konstellation der Jahre zwischen 1806 und 1813 erklärbares Mißverständnis, daß sich die Nation der Deutschen in der Frontstellung *gegen* ›1789‹ ihrer selbst bewußt geworden und also zu ihrer Identität gelangt war.[97]

Nicht minder problematisch wird die metaphysische Überhöhung von Volk, Staat und Nation durch den deutschen Idealismus. Fichte ist hier zu nennen mit seinen *Reden an die deutsche Nation*, aber mehr noch Hegel, der im Volksgeist den Vollstrecker des Weltgeistes erblickte: Das Volk, dessen Zeit gekommen war, »ist für solche Epoche das herrschende in der Weltgeschichte, und gegen dieses absolute Recht, Träger der jetzigen höchsten Entwicklungsstufe des Weltgeists zu sein, sind die Prinzipien der anderen Völker rechtlos«.[98] Daß die Gefahr hybrider, schrankenloser Selbstermächtigung besteht, wenn ein solcher Gedanke ins Gemeine strebt, liegt auf der Hand. Der deutsche Nationalismus jedenfalls konnte seine Herkunft aus dem machtpolitischen Niemandsland nicht mehr abstreifen. Die Grobschlächtigkeit des Parvenühaften, ein Hang zu Hybris und Großmannssucht waren ihm eigentümlich und brachen in der Geschichte des 19. und des 20. Jahrhunderts immer wieder durch. Noch im Ersten Weltkrieg glaubte der deutsche Nationalismus, mit den »Ideen von 1914« endlich die

---

97 Vgl. Michael Jeismann, *Das Vaterland der Feinde. Studien zum nationalen Feindbegriff und Selbstverständnis in Deutschland und Frankreich 1792–1918*, Stuttgart 1992, Tl. 1.

98 Georg Wilhelm Friedrich Hegel, *Vorlesungen über Naturrecht und Staatswissenschaft*, Hamburg 1983, § 164, S. 256; Johann Gottlieb Fichte, *Reden an die deutsche Nation*, Hamburg 1978.

weltgeschichtliche Antwort auf die »Ideen von 1789« gefunden zu haben.[99]

Auch dort aber, wo die Selbstvergewisserung der Deutschen im Begriff der Nation sich in moderateren Formen und Tönen vollzog, verbanden sich Volk, Staat und Nation zu einer geschichtsmetaphysischen Totalkategorie. Ein aufschlußreiches Beispiel lieferte der Jenaer Historiker Heinrich Luden mit einer Schrift aus dem Jahre 1814. Sie erscheint deshalb so besonders interessant, weil Luden darin die Ideen des Liberalismus mit der Idee der Nation (in einem großen Bogen von Herder zu Hegel) zur Synthese bringt. Den immanenten Konflikt zwischen naturrechtlichem Individualismus und liberalem Freiheitsgedanken einerseits und dem in der Idee der Nation geforderten Aufgehen des einzelnen im Kollektivsubjekt des Volkes sieht Luden im liberal verfaßten Nationalstaat (er spricht im zeittypischen Germanismus natürlich nur von »Vaterland«) vermittelt und aufgehoben. Der Staat ist freie Vergesellschaftung, das Volk naturhaft gewachsene Zwangsgemeinschaft, das ›Vaterland‹ – »die Mitte von Willkür und Notwendigkeit« – verbindet und »versöhnt« beides.[100]

Nun wäre es freilich falsch anzunehmen, die Nationsbildung sei in Deutschland vom Befreiungskriegsnationalismus an einsinnig auf den kleindeutschen Nationalstaat des Kaiserreichs zugelaufen. Ältere Ideen, die der deutschen Reichstradition verpflichtet waren, wirkten auch nach 1806 noch fort. Es gab die Trias-Vorstellungen eines ›Dritten‹ Deutschland der Mittelstaaten zwischen den deutschen Großmächten Preußen und Österreich, und es gab Ideen eines quasi-nationalstaatlichen Verbunds der modernisier-

99 Vgl. Klaus von See, *Die Ideen von 1789 und die Ideen von 1914. Völkisches Denken in Deutschland zwischen Französischer Revolution und Erstem Weltkrieg*, Frankfurt a. M. 1975.
100 Heinrich Luden, *Das Vaterland, oder Staat und Volk* (1814), zit. nach Hardtwig Brandt (Hrsg.), *Restauration und Frühliberalismus 1814–1840*, Darmstadt 1979, S. 96–103.

ten deutschen Einzelstaaten, deren Rolle und Gewicht im
Nationsbildungsprozeß überhaupt mehr Beachtung ver-
dient.[101] Vor allem in der süddeutschen und der katholi-
schen Bevölkerung war die großdeutsch-föderative Perspektive vorherrschend. Es gab eine »große Spannweite na-
tionalpolitischer Ideen«, und bis zur Revolution von 1848
hatten sich die Zukunftsvorstellungen und -erwartungen
innerhalb der deutschen Nationalbewegung noch nicht ausschließlich auf den einheitlichen Nationalstaat verengt.[102]
Allerdings kündigte sich die den geschlossenen Nationalstaat anstrebende Bewegung bereits mit dem Philhelleni-
mus an. Diese Richtung fand ihren institutionellen Ausdruck in den Vereinen der Turner und Sänger, die sich im
Laufe des Vormärz zu nationalistischen Massenorganisationen entwickelten.[103] Ihre Vorstellungen von der künftigen
politischen Verfaßtheit der Nation begannen sich in dem
Maße gegen die Einzelstaaten zu richten, wie diese sich in
der zweiten Hälfte der 1830er und in den 1840er Jahren institutionellen Reformen parlamentarisch-partizipatorischer
Zielrichtung verweigerten. Bereits nach der Julirevolution
von 1830 und vollends dann in der Rheinkrise von 1840
machten sich auch wieder die aggressiven, das nationale Ei-
genrecht der Deutschen ganz obenan stellenden Töne stärker vernehmbar, während zwischen 1815 und 1830 diese
Züge von einem universal-humanitären Emanzipationsna-
tionalismus noch einigermaßen ausbalanciert worden waren. Neuerdings jedenfalls ist die Forschung zu der These

---

101 Vgl. Wolfram Siemann, *Vom Staatenbund zum Nationalstaat. Deutschland
1806–1871*, München 1995, Tl. 1, Kap. I, und Tl. 2, Kap. I.
102 Hierzu und zum folgenden die Studie von Dieter Langewiesche, »Reich,
Nation und Staat in der jüngeren deutschen Geschichte«, in: *Historische
Zeitschrift* 254 (1992) S. 341–381, sowie D. L., »Nation, Nationalismus,
Nationalstaat: Forschungsstand und Forschungsperspektiven«, in: *Neue
Politische Literatur* 40 (1995) S. 190–236.
103 Vgl. Dieter Düding, *Organisierter gesellschaftlicher Nationalismus in
Deutschland (1808–1847). Bedeutung und Funktion der Turner- und Sän-
gervereine für die deutsche Nationalbewegung*, München 1984.

gelangt, daß im deutschen Liberalismus die Kategorie der Macht schon vor 1848 die Freiheit als Zentralbegriff zurückgedrängt habe. In der Paulskirche ging dann eine Mehrheit ziemlich rigoros über die Selbstbestimmungsforderungen der nicht-deutschen Nationalitäten hinweg.[104] Mit dem neuen Bild eines national expansiven Frühliberalismus wurde die ältere Sicht revidiert, die einen ›guten‹, fraternalistischen, auf Emanzipation aller Völker angelegten Frühnationalismus vorausgesetzt und die Wendung zu einem ›bösen‹, auf Krieg ausgehenden integralen Nationalismus erst für die Spätphase des deutschen Kaiserreichs angenommen hatte.[105]

Unbestreitbar war die Errichtung des kleindeutschen Nationalstaats 1870/71 das Ergebnis dreier durch Preußen geführter Kriege. Aber man erkennt heute doch, daß der nationalpolitische Machtanspruch der 48er-Liberalen vielleicht sogar aggressiver und expansiver war, als es dann das saturierte deutsche Kaiserreich zumindest in den ersten zwei Jahrzehnten seines Bestehens unter der Leitung Bismarcks tatsächlich gewesen ist. Das Aggressionspotential der deutschen Nationalbewegung stärker als früher zu betonen, kann allerdings nicht heißen, ihre wichtige Funktion für die Demokratisierung von Politik und Gesellschaft in Deutschland zu leugnen.[106] Die Idee der Nation überwölbte und überwand die Sonderung der gesellschaftlichen Gruppen nach geburtsständischen Merkmalen und ordnete – zumindest tendenziell – alle partikularen Identitäten dem Loyalitätsanspruch der durch gemeinsame Sprache, Kultur und Geschichte begründeten nationalen Schicksalsgemein-

---

104 Vgl. Günther Wollstein, »Mitteleuropa und Großdeutschland. Visionen der Revolution 1848/49. Nationale Ziele in der deutschen Revolution«, in: *Die deutsche Revolution von 1848/49*, hrsg. von Dieter Langewiesche, Darmstadt 1983, S. 237–257.

105 Vgl. Otto Dann, *Nation und Nationalismus in Deutschland 1770–1990*, 3. Aufl., München 1996.

106 Vgl. Langewiesche, *Nation, Nationalismus, Nationalstaat* (s. Anm. 102) S. 209.

schaft unter. Sie war zweifellos ein wirksames Instrument der kommunikativen und politischen Integration breiter Bevölkerungsschichten. Dies galt in gewisser Weise sogar für die ideell eindeutig anti-demokratischen, konservativ-reaktionären nationalistischen Massenorganisationen des späten Kaiserreichs, und es galt, wie Hagen Schulze richtig hervorgehoben hat, im wesentlichen für ganz Europa: »Die Idee der Nation war die folgerichtige Antwort auf dem Weg Europas in die Moderne; je mehr Menschen politisch bewußt wurden und die Möglichkeit besaßen, sich politisch zu betätigen und so sich am Staat zu beteiligen, umso stärker trat die Nationalidee in den Vordergrund.«[107]

Daß diese Integration in vielerlei Hinsicht bloß symbolischer Art war und Ideologie blieb und die Verweigerung echter Partizipationschancen im wirtschaftlichen wie politischen Bereich etwa gegenüber der sozialdemokratischen Arbeiterschaft nur verschleierte, änderte nichts an der Tatsache ihres Erfolgs. Als der Erste Weltkrieg ausbrach, zeigte sich, daß auch die sozialistischen Parteien und Organisationen der kriegführenden Staaten mehrheitlich ihre Programmprinzipien von Internationalismus und Klassensolidarität suspendierten und sich mit ihrer Massenbasis in die nationalen Aufmarschfronten des großen Völkerschlachtens einreihten (oder jedenfalls einreihen ließen). Die der militärischen Disziplin und Befehlsgewalt unterworfenen Massenheere konnten die alte Furcht des Bürgertums vor einem »Aufstand der Massen« als Phantom erscheinen lassen. Der Weltkrieg lehrte, daß die Masse – in den Alpträumen von Le Bon und seinesgleichen das schlechthin Formlose, Ungezügelte und nicht Zügelbare, Trägerin von Anarchie und Chaos – in Uniform sehr wohl formiert und einer Maschine gleich zum Einsatz gebracht werden konnte – bis hin zu Selbstaufgabe und massenhaftem Tod. Wenn das Volk (als Masse), so schrieb der Natio-

107 Schulze (s. Anm. 94) S. 212.

nal-Liberale Friedrich Naumann 1917 ebenso anerkennend
wie erleichtert, »gut geführt und achtungsvoll behandelt
wird, ist es tadellos gut«. Wie instrumentell das gedacht
war, zeigt die Ergänzung, keine andere Nation habe »ein so
kräftiges, anspruchsloses Menschenmaterial« wie die deutsche.[108] Aber während Naumann die Massen-Frage immerhin noch emanzipatorisch und partizipatorisch, d.h. durch
Integration der »vaterländischen Masse« in eine »vaterlän-
dische Demokratie« unter dem Dach eines Volkskaisertums
lösen wollte, zogen andere aus den Erfahrungen des Weltkriegs ganz andere Lehren: Kriegszustand in Permanenz.
Totale Mobilmachung. Die durch den unbedingten Willen
charismatischer Führer in perfekter Ordnung orchestrier-
ten Massen der faschistischen und autoritären Bewegungen
und Regime der Zwischenkriegszeit schienen zu demon-
strieren, daß das Problem der Masse in der modernen Indu-
striegesellschaft auch ohne demokratische Partizipation, allein durch den emotiven Appell der Bilder und Symbole,
bewältigt werden konnte.

5 Industrielle und technische Revolution

Wenn wir das 19. Jahrhundert als ›Weg in die Moderne‹ be-
trachten, dann müssen wir ganz besonders auch der sog. Industriellen Revolution unser Augenmerk schenken. Denn
die Industrialisierung stellt in dieser Perspektive zweifellos
einen der »Basisprozesse« und gleichsam den Motor der
»gesellschaftlichen Evolution« dar.[109] Sie baut ihrerseits auf

---

108 Friedrich Naumann, *Kriegsgedanken zur Welt- und Seelengeschichte*, Wien
    1917; zit. nach Art. »Volk, Nation, Nationalismus, Masse«, in: *Geschichtli-
    che Grundbegriffe* (s. Anm. 8) Bd. 7, Stuttgart 1992, S. 141–431, 416. Zu
    Naumanns Konzept der »nationalen Demokratie« vgl. F. N., *Demokratie
    und Kaisertum* (1900), in: F. N., *Werke*, hrsg. von Walter Uhsdahl [u. a.],
    Bd. 2, hrsg. von Theodor Schieder, Köln [u. a.] 1964.
109 Wehler (s. Anm. 13) S. 14.

bereits länger in Gang befindlichen Teilprozessen der Modernisierung auf, die schon angesprochen wurden – die wissenschaftlich-rationale Durchdringung der natürlichen Welt, die naturrechtliche Idee eines auf freie Selbstbestimmung angelegten Individuums, die Legitimierung politischer Herrschaft aus der Vernunft, die tendenzielle Auflösung ständischer Formen der Vergemeinschaftung und die statusbegründende Macht individueller Leistung, die Formulierung eines bürgerlichen Eigentumsbegriffs und dergleichen mehr. In der Industriellen Revolution verbinden und potenzieren sich diese Teilprozesse, neue Entwicklungen treten hinzu – zuvörderst auf dem Gebiet der Technik. Die kapitalistische Wirtschaftsweise gelangt zu vollem Durchbruch und unterwirft immer größere Teile der Gesellschaft den ganz eigenen Gesetzen ihrer nur auf Gewinnakkumulation gerichteten unerbittlichen Zweckrationalität.[110] Aus all dem ergeben sich Sekundärprozesse, welche das, was wir als Modernisierung bezeichnen, weiter vorantreiben und beschleunigen; da sind zu nennen:

– grundlegende Veränderungen im strukturellen Verhältnis der Wirtschaftssektoren, also in erster Linie der Rückgang und Bedeutungsschwund der Landwirtschaft und, damit gekoppelt, der Aufschwung der gewerblichen und industriellen Produktion;

– große Wanderungsbewegungen, die sich vor allem in Verstädterung und Urbanisierung niederschlagen, und, daraus hervorgehend, eines der wichtigsten und kennzeichnendsten Phänomene der Moderne überhaupt: die Großstadt;

– das Aufkommen neuer, marktabhängiger Klassen und Funktionsgruppen in der Gesellschaft, in erster Linie der Industriearbeiterschaft sowie eines ›neuen Mittelstandes‹ der Angestellten, welche die vielfältigen Administrations-

---

110 Einen Überblick über die Entwicklung der Kapitalismusmodelle bietet Jürgen Kromphardt, *Konzeptionen und Analysen des Kapitalismus*, 3. Aufl., Göttingen 1991.

und Steuerungsfunktionen wahrnehmen, die in den aufkommenden industriellen Großbetrieben anfallen;[111]
– die durch den technischen Fortschritt ermöglichte und
zugleich bedingte Verdichtung und Beschleunigung von
Kommunikation und Verkehr,[112] die ihrerseits wieder – und
hier sieht man, wie die verschiedenen Teilprozesse sich
wechselseitig beeinflussen und verstärken (Interdependen-
zen) – die Mobilität der Menschen erhöht und den Aus-
tausch von Waren, Informationen und Ideen intensiviert.[113]

Daß schließlich infolge dieser Veränderungen auch traditionale Kulturmuster und mentale Prägungen obsolet werden, daß die überlieferten Wertesysteme, Lebensformen,
Wahrnehmungsweisen, Denkhaltungen und Einstellungen in
Frage gestellt, neue Orientierungen erzwungen werden und
damit neue Bedürfnisse der Daseinsdeutung und Sinnstiftung
entstehen, versteht sich von selbst. So gehört zur industriellen
Moderne unabdingbar neben der Emanzipation und der Partizipation auch die Disziplinierung der Menschen, d.h. ihre
mentale und moralische Konditionierung im Sinne der funktionalen Einpassung des eben erst emanzipierten Individuums in die unpersönliche Rationalität der industriellen Öko-
nomie. Es sind zwei der vier von Hans Freyer postulierten
großen Trends unseres Zeitalters, die »Organisierbarkeit«

---

111 Vgl. Jürgen Kocka, *Die Angestellten in der deutschen Geschichte
1850–1980*, Göttingen 1981.
112 Vgl. Wolfgang Zorn, »Verdichtung und Beschleunigung des Verkehrs als
Beitrag zur Entwicklung der ›modernen Welt‹«, in: Koselleck (Hrsg.), *Studien* (s. Anm. 26), S. 115–134.
113 Vgl. die Überblicksdarstellungen von Friedrich-Wilhelm Henning, *Die Industrialisierung in Deutschland 1800 bis 1914*, 8. Aufl., Paderborn 1993;
Hubert Kiesewetter, *Industrielle Revolution in Deutschland 1815–1914*,
Frankfurt a. M. 1989, und Richard H. Tilly, *Vom Zollverein zum Industriestaat. Die wirtschaftliche Entwicklung Deutschlands 1834–1914*, München 1990; Toni Pierenkemper, *Gewerbe und Industrie im 19. und 20.
Jahrhundert*, München 1994; Wehler (s. Anm. 13) Bd. 3: Von der »Deutschen Doppelrevolution« bis zum Beginn des Ersten Weltkrieges
1849–1914, 1995; Hans-Werner Hahn, *Die Industrielle Revolution in
Deutschland*, München 1998.

und mechanische Transformation der Arbeit und die »Zivili-
sierbarkeit des Menschen« im maschinellen System, die hier
in der Wirkung konvergieren, den Menschen unter die objektiven Bedingungen seiner Arbeit zu subsumieren.[114]

Wie läßt sich nun der Prozeß der Industrialisierung in
eine knappe Formel fassen? Die Definition, mit der wir arbeiten, lautet: Industrialisierung ist der säkulare Prozeß
wirtschaftlichen Wachstums unter den Bedingungen zunehmender Mechanisierung, Arbeitsteilung und Intensivierung
des Kapitaleinsatzes, ein Prozeß, in dessen Verlauf es zu
den skizzierten tiefgreifenden strukturellen Wandlungen in
allen Bereichen der Gesellschaft kommt. Im weltgeschicht-
lichen Maßstab setzte die Industrialisierung um die Mitte
des 18. Jahrhunderts in England ein. In Deutschland waren
gewisse Anlaufphänomene – regional und punktuell – seit
dem Ende des 18. Jahrhunderts zu beobachten, das eigentliche Durchstarten der Industrialisierung mit dem sog. *take
off* setzte – vergleichsweise spät – im zweiten Drittel des
19. Jahrhunderts ein; sie gewann aber dann rasch an Fahrt
und entfaltete bis zum Ende des Jahrhunderts eine immen-
se Dynamik.[115] Wachstum und Wandel sind durchwegs die
zentralen Kategorien des Industrialisierungsprozesses, wobei das revolutionär Neue, das die Industrialisierung zu einem Epochenfaktor von geradezu menschheitsgeschichtlicher Dimension machte, nicht allein in der Höhe der
Wachstumsraten liegt, sondern, wie die Wirtschaftshistori-
ker sagen, in der Institutionalisierung von Wachstum.[116]

---

114 So Freyer (s. Anm. 32, S. 31–62, hier S. 44) unter Bezugnahme auf Marx
und Engels. Zur ideengeschichtlichen Genese der Wahrnehmung der Modernisierung als umfassende Disziplinierung vgl. Gerhard Schuck, »Theorien moderner Vergesellschaftung in den historischen Wissenschaften um
1900. Zum Entstehungszusammenhang des Sozialdisziplinierungskonzeptes im Kontext der Krisenerfahrungen der Moderne«, in: *Historische Zeitschrift* 268 (1999) S. 35–59.
115 Vgl. Toni Pierenkemper, *Umstrittene Revolutionen. Die Industrialisierung
im 19. Jahrhundert*, Frankfurt a. M. 1996.
116 Vgl. Christoph Buchheim, *Industrielle Revolutionen*, München 1994.

Auch die vorindustrielle Zeit war nicht völlig wachstumslos, aber das Wachstum war geringfügig und unregelmäßig; zwischen kürzeren Wachstumsphasen gab es lange Zeiten der Stagnation und sogar des Rückgangs (negatives Wachstum). Das Lebensgefühl und die Mentalität der Menschen in vormoderner – und das heißt nach unserem Verständnis: in vorindustrieller – Zeit waren davon geprägt, und ihre Gewohnheiten und Einrichtungen waren diesen Bedingungen angepaßt. Die Industrielle Revolution brachte dann die Erfahrung des Wandels in der Folge eines beinahe sicher zu erwartenden, beständigen (wenn auch nicht stetigen) Wachstums. Ein mehr oder minder zyklisches Schwanken der Wachstumsraten gehört zwar ebenfalls zu den Grundtatsachen der kapitalistischen Industriewirtschaften, doch unterstreichen gerade die schmerzlichen gesellschaftlichen Erfahrungen in ökonomischen Kontraktionsphasen die systemische Bedeutung des institutionalisierten Wachstums.

Auf das engste mit dem Prozeß der Industrialisierung verbunden und gleichermaßen wesensprägend für die von uns behandelte Epoche des 19. Jahrhunderts war die technische Entwicklung. Natürlich hat es Technik, und zwar z. T. bereits außerordentlich hoch entwickelte Technik, auch schon in vorindustrieller Zeit gegeben. Der einer nachvollziehbaren Zweck-Mittel-Rationalität folgende Gebrauch von Gegenständen scheint geradezu ein Gattungsmerkmal des Menschen zu sein – der Mensch als *homo faber* oder als *tool making animal*.

Definiert man Technik als die »Gesamtheit aller Mittel, die Natur auf Grund der Kenntnis und Anwendung ihrer Gesetze dem Menschen nutzbar zu machen« (Wahrig, *Deutsches Wörterbuch*, Gütersloh 1979), dann wird aber sogleich verständlich, weshalb die Technik im 19. Jahrhundert in eine ganz neue Phase ihrer Entwicklung eintreten konnte. Mit dem Aufschwung der Naturwissenschaften seit dem 18. Jahrhundert hatte sich die Kenntnis der Naturgesetze erheblich vermehrt und verbessert, so daß sich der Mensch nunmehr mit dem industriellen Einsatz der Technik in ein völlig neues Verhältnis zur Natur setzen konnte.[117] Was sich gegenüber dem vorindustriellen Zeitalter des Werkzeuggebrauchs in erster Linie und ganz fundamental änderte, war die Geschwindigkeit der technischen Entwicklung und die Dimension ihrer Anwendung. In vorindustrieller Zeit vollzog sich der technische Fortschritt sehr langsam – mit einer fast »geologischen Langsamkeit«.[118] In den letzten beiden Jahrhunderten hingegen hat sich das Tempo der technischen Innovation auf geradezu dramatische Weise beschleunigt. Im Verbund mit einer völlig neuen Dimension von Kapitalakkumulation bewirkte die um sich greifende Mechanisierung die unerhörte Dynamik des industriellen Prozesses: »Die Mechanisierung, wie sie unsere Epoche angestrebt und durchgeführt hat, ist das Endergebnis einer rationalistischen Einstellung zur Welt.«[119]

Im Zusammenhang mit dem technischen Fortschritt ist noch ein weiterer Effekt der Industrialisierung von epochenprägender Bedeutung: Die Industrielle Revolution ging nicht nur einher mit einer Revolutionierung der Technik, sie war auch eine Energie- und Verkehrsrevolution. Die Umsetzung des Prinzips der Dampfmaschine in einer Vielzahl von Verwendungen in Verbindung mit der Ausbeutung fossiler Energieträger wie der Steinkohle erschloß dem Menschen beinahe unerschöpfliche Potentiale nutzbarer Energie, die zu vergleichsweise geringen Kosten verfügbar waren.

Der wichtigste Initialfaktor im Industrialisierungsprozeß auf der Basis dieser Technologie war zweifellos die Re-

117 Aspektereich Joachim Radkau, *Technik in Deutschland. Vom 18. Jahrhundert bis zur Gegenwart*, Frankfurt a. M. 1989.
118 Alexander Rüstow, »Kritik des technischen Fortschritts«, in: *Ordo* 4 (1951) S. 373–407.
119 Siegfried Giedion, *Die Herrschaft der Mechanisierung. Ein Beitrag zur anonymen Geschichte*, Frankfurt a. M. 1982, S. 51.

volutionierung des Verkehrswesens durch die Eisenbahn. Man muß ja bedenken, daß dem Menschen von den frühesten Anfängen seiner Kulturgeschichte bis zum Beginn des 19. Jahrhunderts für seine Fortbewegung zu Lande nur Tierkräfte zu Gebote standen. Das Pferd bestimmte und begrenzte sowohl die Geschwindigkeit wie die Reichweite seiner horizontalen Mobilität. Indem diese durch die dampfgetriebenen Lokomotiven aus ihrer organischen Beschränkung gelöst wurde, veränderte sich von Grund auf das Verhältnis des Menschen zum Raum und zur Zeit. Die Mechanisierung der Fortbewegung durch die Eisenbahn war der erste und in seinen Auswirkungen auf Mentalität und Kultur der folgenreichste Schritt in der kapitalistischen Emanzipation des Menschen aus den Schranken der organischen Natur. Jahrhundertelang konstante Raumwahrnehmungen von Reisenden und Maßstäbe der Entfernung und der Dauer, die ganz bestimmte Formen des Sehens und Erlebens von Landschaften und Städten geprägt hatten, waren damit quasi von einem Tag auf den anderen überholt. Die Horizonte der Erreichbarkeit dehnten sich ins Unermeßliche, die *mental maps*, mit denen die Menschen je nach ihren individuellen Erfahrungen ihren Lebensraum bewußtseinsmäßig in der Welt verorten, mußten völlig neu gezogen werden. Die Menschen der Industrialisierungsländer machten die Erfahrung, daß ihr Erlebnisraum größer und die Welt zugleich kleiner wurde.[120] Dynamisierung der Zeiterfahrung und Aufbrechen der Raumhorizonte schufen ein elementares Kulturmuster der Moderne und haben im 20. Jahrhundert durch Automobil und Flugzeug und zuletzt durch die satellitengestützte Telekommunikation noch einmal ganz neue Dimensionen angenommen.

---

120 Grundlegend Wolfgang Schivelbusch, *Geschichte der Eisenbahnreise. Zur Industrialisierung von Raum und Zeit im 19. Jahrhundert*, Frankfurt a. M. 1989.

6 *›Bürgerliche Gesellschaft‹, Liberalismus und konstitutioneller Staat*

Träger der Entwicklungen, die das Epochenbild des ›langen‹ 19. Jahrhunderts bestimmen, war in erster Linie das Bürgertum. Freilich, von ›dem‹ Bürgertum zu sprechen ist eine Verallgemeinerung, die sogleich wieder der Einschränkung bedarf. Denn als eine von ihrer sozio-ökonomischen Interessenlagerung her einheitliche und nach Mentalität und Bewußtsein geschlossene Formation läßt sich dieses Bürgertum nicht aufweisen; die Einheit des Bürgertums ist eine Fiktion. Wir begegnen vielmehr einer Vielfalt von mittleren Gruppierungen und Schichten, die sich in ihrer wirtschaftlichen Existenz und ihrem Lebenszuschnitt, ihrer gesellschaftlichen Funktion und ihren Interessen deutlich voneinander unterscheiden, die aber durch ein in der Substanz von allen geteiltes System moralischer, politischer, weltanschaulicher und ästhetischer Werte – also gewissermaßen im Medium eines gemeinsamen Diskurses – verbunden sind.[121]

An der Wende vom 18. zum 19. Jahrhundert lassen sich drei bürgerliche Kerngruppen unterscheiden: Da ist zunächst das Stadtbürgertum. Es ist hervorgegangen aus der europäischen Stadtkultur des Mittelalters und hat sich im Laufe der Frühen Neuzeit ausdifferenziert in ein vorwiegend mit Handels- und Finanzgeschäften aufgestiegenes Patriziat (das in den großen, blühenden Städten der frühkapitalistischen Epoche wie Augsburg und Nürnberg aufgrund seines Reichtums teilweise in eine dem Adel vergleichbare Position aufgestiegen ist) und ein Handwerker- und Gewerbebürgertum, das noch stark an zünftischen Verhaltensnormen und -formen gebunden ist. Aus diesen beiden stadtbürgerlichen Gruppen, dem Kaufmannsbürgertum und dem handwerklich-gewerblichen (›alten‹) Mittel-

---

121 Exemplarisch hierzu Bauer (s. Anm. 68).

stand rekrutieren sich dann vielfach auch die Unternehmer und Fabrikanten der Frühindustrialisierung.[122]

Neben diesem Stadtbürgertum stellen am Übergang vom 18. zum 19. Jahrhundert eine ungebundene literarische Intelligenz und die Beamtenschaft die beiden anderen Elemente der entstehenden ›bürgerlichen Gesellschaft‹. Im Diskurs der Aufklärung waren vor allem sie Motor und Träger wichtiger Modernisierungsprozesse. Bürgerliche Intellektuelle formulierten die Kritik an der Kirche und ihren Dogmen, an der geburtsständischen Gesellschaftshierarchie und überhaupt am traditionalen Weltbild.[123] Die bürgerlichen Gebildeten waren es vorwiegend, die mit ihrer literarischen Produktion und neuen Formen und Organen der Publizistik allmählich eine bürgerliche Öffentlichkeit schufen als Forum eines kritischen Diskurses, in den dann auch das städtische Bürgertum nach und nach einbezogen wurde über die milieubildenden Agenturen der Sozietäten, Clubs und Vereine.[124] Freilich gilt bei alledem auch, daß die Aufklärung sozialgeschichtlich nicht allein auf das Bürgertum fundiert werden kann: »Bürgerliche dominierten in der Aufklärung, aber sie monopolisierten sie nicht.« Auch Vertreter des Adels hatten einen nicht unbedeutenden Anteil am aufklärerischen Diskurs.[125]

In den Staaten des aufgeklärten Absolutismus in Mitteleuropa war es die Bürokratie, welche die Veränderungsimpulse von Aufklärung und Französischer Revolution aufge-

---

122 Vgl. allg. Wehler (s. Anm. 29) S. 174–241.

123 Nach wie vor höchst instruktiv Bernhard Groethuysen, *Die Entstehung der bürgerlichen Welt- und Lebensanschauung in Frankreich*, 2 Bde., Frankfurt a. M. 1978 [1. Aufl. 1927].

124 Vgl. Wolfgang Hardtwig, »Politische Gesellschaft und Verein zwischen aufgeklärtem Absolutismus und der Grundrechtserklärung der Frankfurter Paulskirche«, in: *Grund- und Freiheitsrechte im Wandel von Gesellschaft und Geschichte*, hrsg. von Günter Birtsch, Göttingen 1981, S. 336–358, sowie jetzt W. H., *Gesellschaft, Sekte, Verein in Deutschland*, Bd. 1, München 1997, Kap. V–VIII.

125 Vgl. Möller (s. Anm. 48) S. 268, 289–297 (Zitat S. 293).

griffen, Reformprogramme entworfen und diese, soweit es
die machtpolitischen Konstellationen zuließen, zusammen
mit den aufgeklärten Monarchen in die Praxis umgesetzt
hat. Nach der restaurativen Wende von 1815 erschien zwar
diese Bürokratie dem frühliberalen Stadt- und Bildungs-
bürgertum in erster Linie als Herrschaftsinstrument des
monarchisch-aristokratischen Systems gegen die Emanzi-
pationsbestrebungen der Gesellschaft. Vor der Folie eines
Gesellschaftsideals gleicher und freier mittlerer Existenzen
wurde die Tatsache, daß die Beamten für ihren materiellen
Unterhalt von den fürstlichen Regierungen abhängig waren, nun polemisch gegen diese Funktionselite gewendet.
Da die Beamten in ihrer elementaren Abhängigkeit vom
monarchischen Staat das Hauptkriterium der Bürgerlichkeit, die ökonomische Selbständigkeit, nicht erfüllten, so
wurde argumentiert, gehörten sie auch nicht zum Bürgertum. Untersucht man aber im einzelnen die gesellschafts-
und wirtschaftspolitischen Ziele und Bestrebungen des
frühliberalen Stadtbürgertums bis zur Revolution von
1848, so wird deutlich, daß diese Bürger in den kommunalen Gremien, aber auch in den frühkonstitutionellen Reprä-
sentativorganen (Parlamente) keineswegs immer auf der
Seite des Fortschritts, der Emanzipation und der Modernisierung standen; im Gegenteil hielten sie oft hartnäckig an
ausgesprochen sozialkonservativen berufsständischen Vorstellungen fest, und dann war es doch wieder die staatliche
Bürokratie, die gemäß ihrem Selbstverständnis als Sachwal-
ter des ›allgemeinen Interesses‹ gegen allzu enge Partikular-
interessen, für eine Politik der behutsamen Reform und des
– kontrollierten – gesellschaftlichen Wandels auch gegen
den Traditionalismus stadtbürgerlicher Eliten eintrat.[126]
    Aber auch gegen die Annahme eines faktischen Moderni-
tätsmonopols der staatlichen Funktionseliten wurden in

---

126 Vgl. neben Gall (s. Anm. 89) und Fehrenbach (s. Anm. 78) auch Walter
   Demel, *Vom aufgeklärten Reformstaat zum bürokratischen Staatsabsolutismus*, München 1993.

letzter Zeit von einer empirisch immer breiter und intensiver werdenden Bürgertumsforschung mancherlei Einwände vorgebracht. Nicht mehr in erster Linie die Gebildeten hätten demnach als die Protagonisten der bürgerlichen Gesellschaft zu gelten, und nicht mehr Staat und Nation als die eigentlichen Handlungsfelder und Entfaltungsräume des modernen Bürgertums. Vielmehr sei es doch die Stadt gewesen, in der die Entstehung der bürgerlichen Welt ihren historischen Ort hatte.[127] Ein groß angelegtes Forschungsprojekt über »Stadt und Bürgertum im 19. Jahrhundert« bemüht sich um die sozialgeschichtlich möglichst exakte Erfassung des Bürgertums in typologisch ausgewählten deutschen Städten. Lothar Gall und seine Mitarbeiter sehen im Stadtbürgertum, und zwar insbesondere im Handelsbürgertum, das soziale Protoplasma, aus dem dann gleichsam durch Urzeugung die liberale Bewegung als Motor wirtschaftlicher, gesellschaftlicher und verfassungspolitischer Modernisierung hervorging.[128] Auch Untersuchungen aus anderen Forschungszusammenhängen zielen darauf ab, das moderne Bürgertum entwicklungsgeschichtlich durch eine Rekonstruktion jener Milieus zu erfassen, die man für seine engsten und eigentlichsten Lebenswelten und Handlungskonnexe hält – in der Gemeinde, der Stadt und im ter-

---

127 Hier und zum Folgenden Elisabeth Fehrenbach, »Bürgertum und Liberalismus. Die Umbruchsperiode 1779–1815«, in: *Bürgertum und bürgerlich-liberale Bewegung in Mitteleuropa seit dem 18. Jahrhundert*, hrsg. von Lothar Gall, München 1997 (*Historische Zeitschrift*, Sonderheft 17), S. 1–62, 3. Wie der Beitrag Fehrenbachs bieten auch die anderen Beiträge dieses wichtigen Sammelbandes – Dieter Langewiesche für den Frühliberalismus bis 1849, Hellmut Seier für die Jahre 1850–1880, Karl Heinrich Pohl für die anschließende Periode bis zum Ende des Weltkriegs und Horst Möller für Weimarer Republik und Nationalsozialismus – eine weitgehend erschöpfende Bilanz des derzeitigen Forschungsstandes und entlasten uns hier von Einzelnachweisen.

128 Vgl. Lothar Gall (Hrsg.), *Stadt und Bürgertum im 19. Jahrhundert*, München 1990; ders. (Hrsg.), *Stadt und Bürgertum im Übergang von der traditionalen zur modernen Gesellschaft*, München 1993 (*Historische Zeitschrift*, Beiheft 16).

ritorial beschränkten Identifikationsraum der Region.[129] In der Diskussion über die Frage, ob Modernisierungsimpulse allein vom Staat, Modernisierungshemmungen nur von der Stadt ausgingen, werden die Akzente heute jedenfalls anders gesetzt als noch vor wenigen Jahren. Die lange Zeit einflußreiche These des amerikanischen Historikers Mack Walker, daß der noch vom Zunftgeist beherrschte ›Lokalismus‹ der *hometownsmen* bis zur Mitte des 19. Jahrhunderts alle fortschrittlichen, aufgeklärt-liberalen Tendenzen nachhaltig gebremst habe, wird in dieser Zuspitzung heute mehr und mehr in Frage gestellt.[130] Ganz so hermetisch und eng, wie Walker sie am Beispiel einer kleinen fränkischen Reichsstadt beschrieben hat, war wohl auch die Welt der *German home towns* nicht überall. In Städten, die in den ›heißen Kernen‹ der Frühindustrialisierung lagen und in denen, vielleicht schon auf älteren Traditionen der Offenheit und Mobilität fußend, eine überdurchschnittliche Entwicklungsdynamik waltete – wie etwa in Mannheim, wo Lothar Gall die Familiengeschichte der Bassermanns aufgerollt hat,[131] hatten wohl in der Tat die städtischen Eliten einen innovativen Anteil an der Heraufführung und Durchsetzung der modernen bürgerlichen Gesellschaft.

Zwischen Jahrhundertmitte und Reichsgründung aber verläuft, je nach dem Entwicklungsstand des Untersuchungsraumes, die zeitliche Grenzlinie, jenseits derer es schwierig werden dürfte, die Triftigkeit des auf das Stadtbürgertum fixierten Interpretationsansatzes unter Beweis zu stellen. Daran kann auch der Hinweis auf die in der Tat beeindruckende Modernisierungsleistung des kommunalen Liberalismus im Kaiserreich nichts ändern. Ist das, was der

---

129 Vgl. etwa Hans-Jürgen Puhle (Hrsg.), *Bürger in der Gesellschaft der Neuzeit*, Göttingen 1991; Klaus Tenfelde (Hrsg.), *Wege zur Geschichte des Bürgertums*, Göttingen 1994.
130 Vgl. Mack Walker, *German Home Towns. Community, State and General Estate 1646–1871*, Ithaca 1971.
131 Lothar Gall, *Bürgertum in Deutschland*, Berlin 1989.

Historiker bei seiner Feinanalyse städtischer Sozialstruktu-
ren und Herrschaftsmechanismen der zweiten Hälfte des
19. Jahrhunderts am Werke sieht, tatsächlich noch Stadtbürgertum im traditionalen, vormärzlichen Sinne? War das
funktionale System ›Stadt‹ als spezifischer Ort der modernen industriellen Zivilisation nicht doch eher ein bürokrati-
sches Phänomen im Sinne des säkularen Rationalisierungs-
trends in der Problembewältigungs-Kompetenz durch sich
verselbständigende Apparate, als ein milieubürgerliches
Phänomen? Und waren nicht zu dieser Zeit längst wesent-
liche Teile des Großbürgertums und der beamteten akade-
mischen Intelligenz über die Stadt hinausgewachsen und
durch eine ebenso erfolg- wie folgenreiche Nationalisie-
rung in sehr viel weitere – nationale und auch bereits über-
nationale – Kommunikations- und Wirkungshorizonte hin-
eingestellt? Zumindest für die bürgerliche Elitenschicht des
Kaiserreichs wird man konstatieren müssen, daß sie mate-
riell wie mental nicht mehr stadtbürgerlich fundiert war.[132]
Daß es daneben (oder besser darunter) auch weiterhin ein
ortsfestes, im gesellschaftlichen Bezugssystem ›Stadt‹ ver-
haftetes Bürgertum gab, wird niemand bestreiten. Aber es
ist doch zu fragen, ob dieses Bürgertum nicht bereits zu einem residualen Phänomen herabgesunken war.

Liberalismus und Bürgertum gehören zusammen. Sie sind
genetisch aufeinander verwiesen, aber nicht deckungsgleich.
Der Liberalismus als politische Leitideologie des 19. Jahrhunderts wurde in Deutschland zwar im wesentlichen von
Angehörigen des Bürgertums formuliert und getragen. Aber
natürlich waren nicht alle Bürger Liberale, und andererseits
gab es auch im Adel Anhänger liberaler Ideen.[133] Die beiden
großen Konkurrenzideologien zum Liberalismus waren der
Konservatismus (der nach Ansicht einiger Historiker sogar
älter ist als der Liberalismus) und der Sozialismus. Der

132 Beispiele bei Bauer (s. Anm. 68).
133 Hier ist noch einmal auf die Forschungsberichte in dem Sammelband von
   Gall (Hrsg., s. Anm. 127) zu verweisen.

ebenfalls zum Liberalismus und zur liberalen Bewegung in
Konfrontation stehende politische Katholizismus wäre als
eigene Variante dem Konservatismus zuzuordnen.[134]

Der Liberalismus war kein geschlossenes Ideensystem
und – zunächst jedenfalls – auch kein ausformuliertes Par-
teiprogramm. Ansätze von politischer Parteienbildung finden sich in Deutschland ohnehin erst in der Revolution
von 1848/49. Den Kern des liberalen Ideenbestandes bildeten eindeutig verfassungspolitische Forderungen. Auf der
Basis naturrechtlich abgeleiteter gesellschaftlicher Vertrags-
theorien argumentierend, verlangte der Liberalismus die
Emanzipation des autonom gedachten Individuums von
ständischen Bindungen und Beschränkungen und aus ob-
rigkeitlicher Herrschaftsverfügung – dies haben wir bereits
dargelegt. Ziel der liberalen Verfassungsbewegung war es,
das politische Herrschaftsmonopol des bürokratisch-abso-
lutistischen Staates zu brechen und die Bindung der monarchischen Regierung an rechtsstaatliche Prinzipien sowie
eine politische Mitwirkung gesellschaftlicher Kräfte durch
Repräsentationsorgane (Landtage mit Zwei-Kammer-Sy-
stem) in einer mit dem Monarchen vereinbarten Konstitution festzuschreiben. Es ging also den Liberalen zunächst um
Gewaltenteilung zwischen Monarch und Gesellschaft. Abschaffung der Monarchie und Errichtung der Republik gehörten hingegen nicht zum Forderungskatalog des Liberalismus.[135]

Im Hinblick auf das südwestdeutsche Gemeindebürgertum der ersten Hälfte des 19. Jahrhunderts wird neuerlich
die These vertreten, daß dessen Ideenwelt nicht in der Aufklärung fußte, sondern auf einem »klassischen Republika-

---

134 Allgemein vgl. Panajotis Kondylis, *Konservativismus. Geschichtlicher Ge-
     halt und Untergang*, Stuttgart 1986.
135 Vgl. James J. Sheehan, *Der deutsche Liberalismus. Von den Anfängen im
     18. Jahrhundert bis zum Ersten Weltkrieg, 1770–1914*, München 1983;
     Dieter Langewiesche, *Liberalismus in Deutschland*, Frankfurt a. M. 1988;
     ders.: »Republik, Konstitutionelle Monarchie und ›Soziale Frage‹«, in: *Hi-
     storische Zeitschrift* 230 (1980) S. 529–547.

nismus«, dessen Wurzeln letztlich in der Antike-Rezeption
des Humanismus und der Renaissance lägen. Diesem Republikanismus in der Aristoteles-Tradition habe die Stadtge-
meinde nach dem Muster der antiken Polis als abgeschlossene und autonome Grundeinheit des politischen Lebens und
der Gesellschaft als *societas civilis* schlechthin gegolten. Der
aufgeklärt-neoabsolutistische bürokratische Anstaltsstaat
mit seinem umfassenden und abstrakten Herrschaftsan-
spruch und dem Reform- und Modernisierungsdruck, der
von ihm ausging, ebenso wie die Veränderungsprozesse der
Frühindustrialisierung seien von diesem Fundamentalkom-
munalismus als externe Bedrohungen des konkreten lokal-
bürgerlichen Kosmos wahrgenommen und entsprechend
abgelehnt oder sogar aktiv bekämpft worden.[136]

Am Vorabend der Revolution von 1848/49 war dann in
den deutschen Staaten der konstitutionelle Konsens brü-
chig geworden. Auch viele gemäßigte Liberale waren zu
der Ansicht gelangt, daß das konstitutionelle System mit
dem ›Monarchischen Prinzip‹ an die Grenze seiner Ent-
wicklungsfähigkeit gestoßen sei. Mit Ausnahme des rheinischen Großbürgerliberalismus ging die breite Mehrheit der
Liberalen auf die Parlamentarisierung des Verfassungssy-
stems nach englischem oder französischem Muster aus. Die
liberalen Kammermehrheiten wollten also auch unmittelbaren und verantwortlichen Anteil an der Exekutive nehmen,
die bisher ausschließlich dem Monarchen vorbehalten war.
Auf der linken Seite des liberal-demokratischen Spektrums
wurde aber bereits die Republik zur Debatte gestellt.

In der gesellschaftspolitischen Zielsetzung dominierte im
Frühliberalismus das Ideal einer »klassenlosen Bürgergesell-

---

136 Vgl. Paul Nolte, »Bürgerideal, Gemeinde und Republik. ›Klassischer Republikanismus‹ im frühen deutschen Liberalismus«, in: *Historische Zeitschrift* 254 (1992) S. 609–656; Kritik an Noltes Ansatz bei Friedrich Lenger, »Bürgertum, Stadt und Gemeinde zwischen Frühneuzeit und Moderne«, in: *Neue Politische Literatur* 40 (1995) S. 14–29; vgl. ferner Paul Nolte, *Gemeindebürgertum und Liberalismus in Baden 1800–1850. Tradition
– Radikalismus – Republik*, Göttingen 1994.

schaft« (Gall) von selbständigen, mittleren Existenzen. Angestrebt wurde damit ein Gesellschaftszustand, in dem jeder sein gesichertes Auskommen haben sollte ohne allzu große Unterschiede des Vermögens.[137] Es ist offenkundig, daß dieses Modell einer berufsständisch organisierten Mittelstandsgesellschaft eine Art rückwärtsgewandter Utopie war; denn es entsprach vorindustriellen, stadtbürgerlichen Erfahrungswelten, die sich nach der Mitte des 19. Jahrhunderts weitgehend auflösten. Ein Industrialisierungsprogramm im Sinne eines uneingeschränkten *Laisser-faire*-Kapitalismus enthielten diese Ordnungsvorstellungen keineswegs. Wirtschaftsliberalismus als weiterer programmatischer Hauptstrang neben Verfassungsliberalismus und Nationalliberalismus setzte im Vormärz zwar bereits bei den rheinischen Liberalen ein, kam aber erst in der Reichsgründungsphase zum Durchbruch.

Der ›Mittelstand‹ des Frühliberalismus war als universelle gesellschaftliche Kategorie prinzipiell für jeden offen, aber die Zugehörigkeit war an bestimmte Voraussetzungen gebunden. Diese konnten jedoch, anders als die sozialen und rechtlichen Statuskriterien der altständischen Gesellschaft, durch persönliche Tüchtigkeit geschaffen werden. Das Entreebillett in die bürgerliche Gesellschaft der mittleren Gleichen bestand in – Vermögen. »Jeder« – so heißt es bei Kant in den *Reflexionen zur Anthropologie* (1792/94) – »wird als möglicher Staatsbürger geboren, nur, damit er es werde, muß er ein ›Vermögen‹ haben, es sei in Verdiensten oder in Sachen …«. Die Kategorie des Vermögens begegnet uns also hier in einer charakteristischen Doppelbedeutung sowohl als ökonomisches wie als moralisches Kapital. Das mutet äußerst modern an im Lichte des kulturell erweiterten Klassenbegriffs von Pierre Bourdieu, der ebenfalls neben dem ökonomisch-materiellen Kapital ein symbolisches

137 Vgl. Lothar Gall, »Liberalismus und ›bürgerliche Gesellschaft‹. Zu Charakter und Entwicklung der liberalen Bewegung in Deutschland«, in: *Historische Zeitschrift* 220 (1975) S. 324–356.

Kapital als Grundlage sozialer Statuszumessung und gesellschaftlicher Distinktion kennt. Aber schon der semantische Gehalt des Begriffs ›Vermögen‹ selbst erscheint höchst aussagekräftig, denn ganz gleich ob in seiner materiellen, technisch-funktionalen oder symbolischen Auffassung – immer ist dem Begriff ›Vermögen‹ ein willentlich gesteuertes Aktivpotential und damit die Dimension individueller Gestaltungsmöglichkeit und Gestaltungsfreiheit immanent. An anderer Stelle hat Kant zum selben Sachverhalt festgestellt, die zum Status des Bürgers »erforderliche Qualität ist, außer der natürlichen (daß er kein Kind, kein Weib sei), die einzige: daß er sein eigener Herr (*sui juris*) sei, mithin irgendein Eigentum habe (wozu auch jede Kunst, Handwerk oder schöne Kunst oder Wissenschaft gezählt werden kann), welches ihn ernährt«.[138]

Liberale Leitbilder von bürgerlicher Gesellschaft und nationalem Verfassungsstaat haben in den ersten beiden Dritteln des 19. Jahrhunderts den politischen Diskurs in Deutschland wesentlich bestimmt. Auch die Gegner der Liberalen, ob konservativ oder sozialistisch, mußten in ihren alternativen Entwürfen und Strategien der Ausstrahlungskraft des liberalen Paradigmas Rechnung tragen. Bismarck ist hierfür das schlagendste Beispiel. Obwohl er in seinen persönlichen Ansichten und Überzeugungen zu allen wesentlichen Positionen der liberalen Programmatik in Gegensatz stand, hat er *de facto* in seiner Politik viele liberale Ziele übernommen und Entscheidendes zu ihrer Verwirklichung getan. In jenem knappen ersten Jahrzehnt nach der Gründung des deutschen Kaiserreichs, als Bismarck mit der parlamentarischen Unterstützung der Nationalliberalen regierte, können wir zugleich den Höhepunkt liberalen Einflusses in der deutschen Politik sehen. Ende der 1870er Jahre aber kam die Wende, und im historischen Rückblick

138 Beide Zitate in: [Art.] »Bürger«, in: *Geschichtliche Grundbegriffe* (s. Anm. 8) Bd. 1, S. 696.

ist zu erkennen, daß damit der Abstieg des deutschen Liberalismus begann, der sich bis zum Ersten Weltkrieg stetig und mit letztlich unaufhaltsamer Tendenz fortsetzte. Nach einem nochmaligen, fatalerweise nur ganz kurzen liberalen Aufschwung in der Phase des revolutionären Überganges vom Kaiserreich zur Republik 1918/19 beschleunigte sich in den 20er Jahren der Verfall des liberalen Milieus mit geradezu dramatischer Geschwindigkeit. Der Liberalismus, der sein einstiges, in der säkularen Heilsformel des ›Fortschritts‹ zentriertes Zukunftsmonopol schon um die Jahrhundertwende eingebüßt hatte, verlor mit den Folgekrisen der Kriegsniederlage und der Inflation offenbar jegliches Fundament in der deutschen Gesellschaft. Der Aufstieg des Nationalsozialismus und der Rückfall Deutschlands nach 1933 in einen Zustand politischer Barbarei mit den bekannten katastrophalen Folgen schien in einem unmittelbaren Zusammenhang zu stehen mit dem Niedergang und der Auflösung des politischen Liberalismus schon vor 1933. Es lag nahe, daß die historische Forschung nach 1945 die Ursachen der deutschen Katastrophe zunächst auch in der Schwäche des Liberalismus und der bürgerlichen Gesellschaft, in einem Defizit an ›Bürgerlichkeit‹ suchte.[139]

---

139 Vgl. dazu den Forschungsüberblick von Horst Möller, »Bürgertum und bürgerlich-liberale Bewegung nach 1918«, in: Gall (Hrsg., s. Anm. 133) S. 293–342.

Kritik und Krise der Moderne:
Jahrhundertwende und Weltkrieg

Der ›Weg in die Moderne‹ – so haben wir das ›lange‹ 19. Jahrhundert in seinem Verlaufscharakter vorgestellt anhand der epochalen Tendenzen von Säkularisierung und Rationalisierung, Emanzipation und Partizipation, Differenzierung und Integration, industrieller und technischer Revolution. Der Modernisierungsprozeß, den wir hier – frei von normativen Prämissen – als einen gesamtgesellschaftlichen Transformationsprozeß, nämlich als Prozeß der Anpassung aller gesellschaftlichen Teilsysteme an die funktionalen Erfordernisse der industriellen Produktionsweise verstehen, ist gegen Ende des 19. Jahrhunderts zur vollen Entfaltung gelangt. Die Jahrzehnte um die Jahrhundertwende markieren so den Eintritt in die Moderne. Max Weber, der scharfsinnige Zeitzeuge, konstatierte die Vollendung der »okzidentalen Rationalisierung« und hob als strukturbestimmende Merkmale der neuen Epoche die entwickelte kapitalistische Wirtschaftsweise und die industrielle Klassengesellschaft hervor, eine rational-bürokratische Herrschaftsordnung, die – anders als der klassische Liberalismus – zunehmend auch die Integration der Massengesellschaft als Aufgabe erkannte sowie die wissenschaftlich-technische Weltbemächtigung und eine rationalisierte und sozial disziplinierte Lebensführung.[140] In der Terminologie Hans Freyers gesagt: Das Zeitalter des »sekundären Systems« hatte begonnen, eines Systems, demgegenüber »die adäquate Reaktionsform ist, sich anzupassen«: »Denn hier

---

140 Vgl. Ulrike Vogel, »Einige Überlegungen zum Begriff der Rationalität bei Max Weber«, in: *Kölner Zeitschrift für Soziologie und Sozialpsychologie* 25 (1973) S. 532–550; Arnold Zingerle, *Max Webers Historische Soziologie*, Darmstadt 1981.

ist jeder von Mächten und Ereignissen fühlbar abhängig,
die er zumeist kausal nicht durchschauen, bestenfalls an
Symptomen kurzfristig voraussehen, keinesfalls aber beeinflussen kann. Diesen Einwirkungen kann man sich nur an-
passen.«[141]

Nun gelangt aber in der Geschichte – und dies ist vielleicht die einzige Regel von allgemeinster Gültigkeit, die
der Historiker zu postulieren sich getrauen darf – keine
Tendenz, kein Prinzip auf Dauer zu Herrschaft und Dominanz, ohne gleichzeitig, früher oder später Kräfte auf den
Plan zu rufen, die ihm entgegenwirken. »Neben der herrschenden, großen, durchgehenden Tendenz, die der Zeit ihren Charakter gibt«, so hat Wilhelm Dilthey diese Erfah-
rungstatsache umschrieben,

> bestehen andere, die sich ihr entgegensetzen. Sie stre-
> ben Altes zu konservieren, sie bemerken die nachteili-
> gen Folgen der Einseitigkeit des Zeitgeistes und wen-
> den sich gegen ihn; wenn aber dann ein Schöpferisches,
> Neues hervortritt, das aus einem anderen Gefühl des
> Lebens entspringt, dann beginnt mitten in diesem Zeit-
> raum die Bewegung, die bestimmt ist, eine neue Zeit
> heraufzuführen.[142]

So geschah es auch an der Wende vom 19. zum 20. Jahrhundert. Es finden sich um 1900, vor allem wenn man mit kul-
turgeschichtlichen Sonden operiert, in großer Zahl Indizien
und Zeugnisse eines lebendigen Bewußtseins von der Modernität der Zeit.[143] Zugleich begannen aber auch die inneren
Widersprüche des Modernisierungsprozesses immer schär-

---

141 Freyer (s. Anm. 32) S. 110.
142 Wilhelm Dilthey, *Der Aufbau der geschichtlichen Welt in den Geisteswis-
     senschaften*, 5. Aufl., Stuttgart/Göttingen 1968 (W. D., *Gesammelte Schrif-
     ten*, Bd. 7), Kap. »Zeitalter und Epochen«, S. 177–187, hier S. 178.
143 Eine Fülle aussagekräftiger Dokumente von Modernitätsbewußtsein und
     Kritik der Moderne sind zusammengestellt in den Bänden von Jürgen
     Schutte / Peter Sprengel (Hrsg.), *Die Berliner Moderne 1885–1914*, Stutt-

fer in Erscheinung zu treten. Was sich in den Idiosynkrasien einiger hochsensibler, aber damals noch randständiger Beobachter wie Friedrich Nietzsche und Paul de Lagarde schon in den 70er und 80er Jahren des 19. Jahrhunderts angedeutet hatte, brach sich nun auf breiterer Front Bahn: ein zunächst noch diffuses Mißvergnügen, ein Unbehagen über bestimmte Begleiterscheinungen und Äußerungen der industriellen Zivilisation, das sich nach der Jahrhundertwende in einigen Milieus bis zum offenen, aggressiv artikulierten Leiden an der Moderne steigerte und verdichtete. Unvermeidlich sich einstellende Spannungen und Verwerfungen zwischen den wirtschaftlichen und sozialen Entwicklungen in den hochindustrialisierten Ländern, zu denen am Ende des 19. Jahrhunderts auch Deutschland gehörte, und den überlieferten, durch viele Generationen hin eingeübten Mustern der Daseinsgestaltung und Daseinsauslegung führten zu einer Krise der Befindlichkeit, die sich in vielerlei Symptomen als eine ›Krise der Moderne‹ fassen läßt.[144] Vereinfachend könnte man sagen, daß die ›objektiven‹ Verhältnisse sich seit der Mitte des Jahrhunderts rascher und radikaler geändert hatten, als die Menschen dies in ihren subjektiven Einstellungen, ihren mentalen Prägungen, ihren Verhaltensnormen und Wertekanones, kurz: in der Anpassung ihrer ganzen kulturellen Ausstattung, welche die Orientierung in der Welt ermöglicht und regelt, auffangen und nachvollziehen konnten. Nachdem ein Jahrhundert lang der *homo faber* seine Emanzipation von der Natur mittels Wissenschaft und

gart 1987; Walther Schmitz (Hrsg.), *Die Münchner Moderne. Die literarische Szene in der ›Kunststadt‹ um die Jahrhundertwende*, Stuttgart 1990; Gotthard Wunberg / Johannes J. Braakenburg (Hrsg.), *Die Wiener Moderne. Literatur, Kunst und Musik zwischen 1890 und 1910*, Stuttgart 1992; Ulrike Haß, *Militante Pastorale. Zur Literatur der antimodernen Bewegungen im frühen 20. Jahrhundert*, München 1993.

144 Vgl. Rüdiger vom Bruch [u. a.] (Hrsg.), *Kultur und Kulturwissenschaften um 1900. Krise der Moderne und Glaube an die Wissenschaft*, Stuttgart 1989; darin v. a. die Einleitung der Herausgeber sowie der Beitrag von Pier Paolo Portinaro.

Technik als säkularen Fortschritt gefeiert hatte, wurde er nun gewahr, daß das von ihm selbst geschaffene »sekundäre System« ihn einer nicht minder harten Herrschaft der Entfremdung zu unterwerfen begann.[145]

Innere Spannung und Ambivalenz kennzeichnen die Stimmungslage um 1900. Man spricht vom ›Januskopf‹ der Moderne. »In der zeitgenössischen Wahrnehmung der Jahrhundertwende wie aus der distanzierenden Betrachtung der aufkommenden Moderne bleiben die Widersprüche unvermittelbar«, hat Detlev Peukert festgestellt, und zugleich vorgeschlagen, gerade darin, in ihrer »Unübersichtlichkeit« und ihren »Antinomien«, das »Signum der Epoche« zu sehen.[146]

In der Tat ist das Phänomen der anti-modernistischen Kulturkritik, die wohl in erster Linie eine Zivilisationskritik war, in seiner Gesamtheit ausgesprochen heterogen und widersprüchlich.[147] Zu seinen signifikantesten Ausprägungen gehören zweifellos eine verbreitete Aversion gegen die große Stadt, die laute, grelle, hektische und vulgäre Stadt, die den Kritikern der Moderne als Inbegriff einer anonymisierten und atomisierten, der Tradition entfremdeten, aus allen gewachsenen menschlich-sozialen Bindungen gelösten und daher moralisch extrem gefährdeten Lebensform galt; dazu gewissermaßen reziprok die Idealisierung und romantische Verklärung des Dorfes und des flachen Landes sowie der agrarischen Existenzweise überhaupt[148], die Stilisierung

---

145 Von verschiedenen Positionen aus, darunter auch der Freyers, wird das Problem behandelt bei Teusch (s. Anm. 53).

146 Detlev J. K. Peukert, *Max Webers Diagnose der Moderne*, Göttingen 1989, Kap. IV, hier S. 63 f.

147 Vgl. Edward R. Tannenbaum, *Neunzehnhundert*, Frankfurt a. M. 1978; Nitschke [u. a.] (Hrsg., s. Anm. 16), sowie allg. Rolf Peter Sieferle, *Fortschrittsfeinde? Opposition gegen Technik und Industrie von der Romantik bis zur Gegenwart*, München 1984, und jetzt v. a. Thomas Rohkrämer, *Eine andere Moderne? Zivilisationskritik, Natur und Technik in Deutschland 1880–1933*, Paderborn [u. a.] 1999.

148 Klaus Bergmann, *Agrarromantik und Großstadtfeindschaft*, Meisenheim am Glan 1970.

des Bauern und seiner kinderreichen, gottesfürchtigen Familie zum zivilisationsresistenten Bewahrer deutscher Art und Sitte und »biologischen Kraftquell des deutschen Volkes«; in der Ikonologie dieser Agrarromantik bestand das Dorf nur aus Kirchlein und Lindenbaum am Dorfanger, aus gemütlich breithingelagerten Bauernhäusern mit Gärten, über deren Holzzäune die Sonnenblumen grüßend ihre Köpfe hängen, und hochbeladenen heuduftenden Gespannen, die im milden Glanz der Abendsonne die Fracht des Sommers heimwärtsziehen; keine Ahnung vom Morast der Dorfstraße im Herbstregen, vom Gestank der Misthaufen, von schmutzigen Kindern, von Klatsch und Gezänk einer hermetisch in sich geschlossenen Kleingemeinschaft, in der jeder jeden kennt und unablässig beobachtet – ein System schlechterdings unentrinnbarer Sozialkontrolle; keine Andeutung von der sozialen Zerklüftung auch der ländlichen Welt, vom archaischen Besitzdenken und von bäuerlicher Großspurigkeit, von der sozialen Randstellung der Habenichtse, die beim Vieh schliefen und für Kost und Logis, für ein neues Hemd und ein paar Hosen das ganze Jahr von Sonnenaufgang bis Sonnenuntergang arbeiten mußten. Es waren, das ist bezeichnend, gar nicht die Angehörigen der bäuerlichen Bevölkerung und wohl auch nicht zum geringen Teil Großgrundbesitzer, die diese Agraridylle erfanden, sondern überwiegend klein- und bildungsbürgerliche Existenzen aus den Städten.[149] Die in den letzten Jahren intensivierte Erforschung dieses Phänomens hat freilich gezeigt, daß die meisten dieser zivilisationskritischen Bestrebungen und Bewegungen nicht einfach als rückwärtsgewandt und generell modernitätsverweigernd klassifiziert werden können. Sie gingen durchaus, realistisch oder resignativ, von der Unausweichlichkeit der fortschreitenden Technisierung der modernen Welt aus; aber sie gelangten auf der Basis ih-

---

149 Ein unübertrefflich plastisches Beispiel dieser Bauerntumsideologie bietet Joseph Weigert, *Das Dorf entlang. Ein Buch vom deutschen Bauerntum*, Freiburg i. Br. 1915.

rer Kritik an den negativen Erscheinungsformen dieses Prozesses zu Vorschlägen und Entwürfen seiner Mäßigung und seiner Reform. Es ging demnach »nicht um einen Ausstieg aus dem Industriezeitalter, sondern um naturgemäßere oder menschlichere Formen der Existenz unter modernen Bedingungen. [...] Das Ziel war eine Versöhnung des eigenen Gesellschaftsideals mit der Technik, um eine andere und bessere Moderne zu verwirklichen«.[150]

Weitere charakteristische Erscheinungsformen dessen, was wir unter Kritik und Krise der Moderne subsumieren, können hier nur in Stichworten angedeutet werden:

– Die Entstehung eines militanten, integralen Nationalismus, der sich nicht mehr auf die politisch umschriebene Staatsnation und historische Reichsvorstellungen bezog, sondern auf das biologische Substrat des Volkes – ein zumindest tendenziell bereits völkischer Nationalismus also, der sich in bestimmten Konstellationen mit sozialdarwinistischen Theorien vom »Kampf ums Dasein« aufladen und mit rassenbiologischen Vorstellungen brisant potenzieren konnte.

– Damit in Zusammenhang das Aufkommen von Massenverbänden, in denen sich dieses nationalistische Potential organisierte, um sein Gewicht im etablierten national-liberal-konservativen politischen System des Kaiserreichs zum Tragen zu bringen.[151]

– Eine mit dem Ruralismus ideologisch teilweise parallellaufende Heimatbewegung, welche es sich zum Ziel setzte, Land und Leute, die Eigenart deutscher Landschaften und

---

150 Dies ist die Hauptthese des wichtigen Buches von Rohrkrämer (s. Anm. 147) Zitat S. 32. Im Ergebnis weniger konziliatorisch ist die Deutung von Michael Großheim, *Ökologie oder Technokratie? Der Konservatismus in der Moderne*, Berlin 1995.

151 Vgl. allg. zur Geschichte des integralen Nationalismus und seinen Organisationsformen im Zeitraum von 1871 bis 1918 Uwe Puschner (Hrsg.), *Handbuch zur »Völkischen Bewegung«*, München [u. a.] 1996; ferner Michael Peters, *Der Alldeutsche Verband am Vorabend des Ersten Weltkrieges*, 2. Aufl., Frankfurt a. M. 1996.

kleiner Städte vor zivilisatorischer Überfremdung und Zerstörung zu bewahren; es liegt eine interessante Antinomie darin, daß diese Sehnsucht nach dem Kleinen und Überschaubaren, nach dem Nahen und Altvertrauten, dem Geborgenheit gewährenden engen und umgrenzten Milieu zur selben Zeit virulent wurde, als sich in der deutschen Öffentlichkeit lauthals die Forderung nach einem machtvollen Ausgreifen Deutschlands in die Welt, nach ›Weltpolitik‹ artikulierte. Möglicherweise war ja der in der Heimat-Chiffre idealisierte Nahbereich lebensweltlicher Erfahrung ein Brücken- und Kompensationsangebot für diejenigen, welche die abstrakte Erhabenheit der Nationsidee nicht unmittelbar erfassen konnten.[152]

– Eine Heimatkunstbewegung, deren Anliegen es war, traditionale und als spezifisch deutsch – ›kerndeutsch und gesund‹ – empfundene Kunst- und Ausdrucksformen, Sitten und Gebräuche zu erhalten bzw. wiederzubeleben als moralisches Bollwerk gleichermaßen gegen die etablierte großbürgerlich-aristokratische, plutokratische Elitenkultur wie gegen die zynisch-›zersetzende‹, anti-idealistische, materialistische und naturalistische Kunst und Literatur der großstädtischen Avantgarden – die sog. Asphaltliteratur (wobei in stimmiger Dichotomie der Metapher des Asphalts die Metapher der Erde gegenübergestellt wurde).[153]

– Des weiteren eine mit bizarrem Ernst und Eifer geführte Diskussion darüber, ob Deutschland fortfahren solle, sich

152 Vgl. Edeltraud Klueting (Hrsg.), *Antimodernismus und Reform. Zur Geschichte der deutschen Heimatbewegung*, Darmstadt 1991. Haß verweist zu Recht darauf, daß ›Heimat‹ im antimodernen Diskurs auch als Metapher für das *ancien régime* steht, »dessen Ende unübersehbar naht« (Haß, s. Anm. 143, S. 13). Zu den – auch nationalpolitisch – affirmativen Integrationspotentialen der vielseitig instrumentalisierbaren Kategorie ›Heimat‹ aufschlußreich Rolf Petri, »Deutsche Heimat 1850–1950«, in: *Comparativ. Leipziger Beiträge zur Universalgeschichte und vergleichenden Gesellschaftsforschung* 11 (2001) S. 77–127.
153 Vgl. Karlheinz Rossbacher, *Heimatkunstbewegung und Heimatroman. Zu einer Literatursoziologie der Jahrhundertwende*, Stuttgart 1975.

zu industrialisieren, oder ob es nicht viel eher dem auf ›Innerlichkeit‹ gegründeten ›deutschen Wesen‹ entspräche, sich mit dem harten, aber ehrlichen und beständigen Status eines wehrhaften Agrarstaates zu begnügen.[154]

– Auch die Jugendbewegung wäre hier noch zu erwähnen, in ihrer Ambivalenz ein besonders aufschlußreiches Phänomen: zum einen ging es darin um ein Auf- und Ausbrechen aus der engen, beklemmenden, spießigen Welt der Väter in ein Reich der Ungebundenheit, der Freiheit von autoritärem Zwang und bürgerlicher Konvention, der Befreiung des Körpers aus dem Korsett einer verklemmten, lebens- und lustfeindlichen Bürgermoral; zum anderen war die Jugendbewegung Teil der Zurück-zur-Natur-Bewegung, die hoffte, sich »aus grauer Städte Mauern« in die deutschen Mittelgebirge retten zu können, um dort, eine Wanderstunde vom nächsten Bahnhof entfernt, ein Leben voll Freiheit und (nicht zuletzt erotischem) Abenteuer zu finden – Widersprüche, Antinomien also auch hier.[155]

– Vielfältig manifest schließlich das, was man die »Krise des Historismus« genannt hat: Ein Überdruß an dem »Übermaß an historischer Bildung«, das Nietzsche, auch hier seiner Zeit wie in allem voraus, schon in der zweiten seiner *Unzeitgemäßen Betrachtungen* als die Krankheit des fortschreitenden 19. Jahrhunderts diagnostiziert hat – eine Zeitkrankheit zumal der Deutschen, die in hemmungsloser Hingabe an die Hegelsche Philosophie sich daran gewöhnt hätten, »vom ›Weltprozess‹ zu reden und die eigne Zeit als

---

154 Die Diskussion knapp zusammengefaßt bei Heinrich Dietzel, »Agrar-Industriestaat oder Industriestaat?«, in: *Handwörterbuch der Staatswissenschaften*, Bd. 1, 4. Aufl., Jena 1923, S. 62–72; dort auch Nachweis der zeitgenössischen Debattenbeiträge.

155 Vgl. Walter Laqueur, *Die deutsche Jugendbewegung*, Köln 1962; Detlev J. K. Peukert, »›Mit uns zieht die neue Zeit...‹. Jugend zwischen Disziplinierung und Revolte«, in: Nitschke [u. a.] (Hrsg., s. Anm. 16) Bd. 1, S. 176–202; Sigrid Bias-Engels, *Zwischen Wandervogel und Wissenschaft. Zur Geschichte von Jugendbewegung und Studentenschaft 1896–1920*, Köln 1988.

das nothwendige Resultat dieses Weltprozesses zu rechtfertigen«[156]. In diesem Lichte kann man die Auflehnung gegen die Historizität, in der Jugendbewegung wie in vielen anderen Strömungen der Jahrhundertwende, die zum Teil erst nach dem Weltkrieg zu voller Virulenz gelangten,[157] gerade als Reflex gegen die Überterminiertheit des Daseins durch die anscheinend unentrinnbare Prozeßhaftigkeit der Geschichte deuten, als einen Versuch des Ausbruchs aus dem Gefängnis des Gewordenseins; und da nichts rationaler ist als der Historismus, der alles, was ist, schrittweise und lückenlos kausal aus seinen Voraussetzungen zu erklären versteht, so daß kein Rest und nichts mehr offen bleibt, mußte die Reaktion darauf notwendig anti-rational, ja schlimmer noch: irrational ausfallen.

Gerade in der Zwiespältigkeit der skizzierten Befindlichkeiten zwischen Sehnsucht nach verlorener Geborgenheit in der Tradition und der – scheinbaren – Einfachheit vorindustrieller Zustände auf der einen und dem Bedürfnis auf der anderen Seite, die Autonomie des Handelns zurückzugewinnen und aus der schalen, utilitaristisch durchorganisierten und überrationalisierten Gegenwart auf- und auszubrechen in eine offene Zukunft, in der die Karten neu gemischt und verteilt würden, in dieser Ambivalenz also lag die eigentümliche Zerrissenheit dieser Zeit begründet: Absage an die Rationalität, Zerstörung der Vernunft, Wiederkehr des Mythos.

Aus dieser Gemengelage der Befindlichkeiten von Traditionsverlust, Gegenwartsverweigerung und nervöser Zukunftserwartung wird auch jene kollektive Stimmung am Vorabend des Ersten Weltkriegs verständlich, die zwischen einem mürrischen ›So wie bisher kann es nicht weiterge-

---

156 Nietzsche (s. Anm. 1) S. 308.
157 Einen vorzüglichen Überblick gibt Wolfgang Hardtwig, »Die Krise des Geschichtsbewußtseins in Kaiserreich und Weimarer Republik und der Aufstieg des Nationalsozialismus«, in: *Jahrbuch des Historischen Kollegs 2001* (2002) S. 47–75.

hen‹ und einem ruhelosen ›Irgendwie muß alles anders
werden‹ oszillierte.[158] Man wird gewiß nicht sagen können,
die angesprochenen Voraussetzungen in Mentalität und
Massenpsyche der Zeit hätten einen Krieg gleichsam erzwungen; wohl aber beförderte ein verbreitetes Gefühl der
Unausweichlichkeit und sogar Wünschbarkeit eines Krieges zur Sprengung des Gordischen Problemknotens die
›Flucht in den Krieg‹ als ein befreiendes Ausbrechen aus
struktureller Konditionierung. Ein mehr empfundenes als
reflektiertes Bedürfnis nach Bestätigung oder Wiedergewinnung voluntativer Handlungsautonomie floß hier ebenso ein wie die vor allem auch bei Vertretern der künstle-
risch-literarischen Avantgarde verbreitete Hoffnung, der
Krieg werde die herrschende Atmosphäre einer spießig-
philiströsen, utilitaristischen Biederkeit reinigen und einen
Ausweg eröffnen aus der Banalität der herrschenden Verhältnisse. So ließe sich zusammenfassend der Erste Weltkrieg auch als Peripetie, d. h. als Höhepunkt und Entladung
jener Krise der Moderne deuten, die wir für das letzte Jahrzehnt des 19. und das erste Jahrzehnt des 20. Jahrhunderts
konstatieren können.[159]

Um die Jahrhundertwende hatte sich nicht nur die Krise
der Moderne manifestiert, sondern auch eine neue Dyna-

158 Joachim Radkau, »Die wilhelminische Ära als ›nervöses Zeitalter‹, oder:
Die Nerven als Netzwerk zwischen Tempo- und Körpergeschichte«, in:
Geschichte und Gesellschaft 20 (1994) S. 211–241, sowie ders., *Das Zeitalter der Nervosität. Deutschland zwischen Bismarck und Hitler*, München
1998.

159 Paul Nolte, »1900. Das Ende des 19. und der Beginn des 20. Jahrhunderts
in sozialgeschichtlicher Perspektive«, in: *Geschichte in Wissenschaft und
Unterricht* 47 (1996) S. 281–300, plädiert in Anlehnung an Peukert dafür,
das 19. Jahrhundert kürzer zu periodisieren (etwa von 1830 bis 1900), stärker zu historisieren und in der Jahrhundertwende eine markante Epochenzäsur zu sehen. Ähnlich hatte übrigens bereits Sternberger (s. Anm. 17,
S. 11–19) das 19. Jahrhundert als »bürgerliches Zeitalter« von der Julirevolution bis 1900 terminiert. Der Erörterung bedürftig erscheint in diesem
Zusammenhang auch die Unterscheidung zweier Epochenbegriffe von
Moderne bei Kondylis (s. Anm. 88), auf die hier aus Raumgründen nicht
näher eingegangen werden kann.

mik des Wandels eingesetzt: technische Schlüsselinnovatio-
nen wie das Kino, das Automobil und das Flugzeug, die
alle gegen Ende des 19. Jahrhunderts bereits vorlagen, er-
fuhren dann im Weltkrieg ihren Durchbruch, beschleunigten die Modernisierung und prägten die industrielle Zivilisation des 20. Jahrhunderts. Auch die gesellschaftlichen
Modernisierungstendenzen, die Neudefinierung der Rolle
der Frau etwa und der Funktion der Familie, die immer
mehr zur Kernfamilie zusammenschmolz, wurden durch
die Erfordernisse der Totalmobilisierung aller Energien für
den Kriegseinsatz vorangetrieben.[160] Die Inflation, die in
der Kriegsfinanzierung ihre Wurzeln hatte und unter den
Bedingungen der Nachkriegszeit bald jeder Kontrolle ent-
glitt, hinterließ ihre bleibenden Spuren nicht nur in der sozialen Struktur der deutschen Gesellschaft, sondern auch in
deren Wirtschaftsmentalität. Nur durch weitere Rationalisierung der Produktion, durch beschleunigte Umsetzung
technischer Innovationen, durch die Öffnung für amerikanische Kredite und amerikanische Moden und Methoden
konnte das besiegte Deutschland versuchen, den Auflagen
des Versailler Vertrages nachzukommen und zugleich die
führende Wirtschaftsposition wiederzugewinnen, die es vor
dem Weltkrieg bereits in Europa errungen hatte. All das
bedeutete aber, daß noch mehr Modernisierungsdruck auf
die Deutschen zukam, den sie (teilweise) noch weniger ver-
krafteten als zuvor.[161] Der Weltkrieg, dieser erste vollindu-
strialisierte Krieg,[162] hat die Modernisierungskrise nicht gelöst, sondern vielmehr verschärft. Er gewinnt unter diesem
Aspekt eher den Charakter eines Epochenscharniers als den

160 Vgl. allg. Andreas Gestrich, *Geschichte der Familie im 19. und 20. Jahrhundert*, München 1999.
161 Vgl. Andreas Schüler, *Erfindergeist und Technikkritik. Der Beitrag Amerikas zur Modernisierung und die Technikdebatte seit 1900*, Stuttgart 1990,
sowie Wolfgang Emmerich / Carl Wege (Hrsg.), *Der Technikdiskurs in der
Hitler-Stalin-Ära*, Stuttgart 1995.
162 Vgl. Daniel Pick, *War Machine: the Rationalisation of Slaughter in the
Modern Age*, New Haven / London 1993, Kap. 10–15.

einer Epochenzäsur. Denn er schloß zwar in mancherlei
Hinsicht das 19. Jahrhundert als Epoche ab; zugleich aber
trieb er die Veränderungsprozesse, die dieses Jahrhundert
hervorgebracht hatte, weiter voran und beschleunigte noch
die Fahrt in die Moderne, auf der es längst kein Halten
mehr gab.

Literaturverzeichnis

Alter, Peter: Nationalismus. 5. Aufl. Frankfurt a.M. 1997.

Anderson, Benedict: Die Erfindung der Nation. Zur Karriere eines folgenreichen Konzepts. 2. Aufl. Frankfurt a.M. / New York 1993. [Erw. Ausgabe 1998. – Engl. Orig. 1983.]

[Art.] Bürger. In: Geschichtliche Grundbegriffe. Historisches Lexikon zur politisch-sozialen Sprache in Deutschland. Bd. 1. Stuttgart 1972. S. 696.

[Art.] Emanzipation. In: Ebd. Bd. 2. 1975. S. 153–197.

[Art.] Kritik. In: Ebd. Bd. 3. 1982. S. 651–675.

[Art.] Modern, Modernität, Moderne. In: Ebd. Bd. 4. 1978. S. 93–13.

[Art.] Säkularisation, Säkularisierung. In: Ebd. Bd. 5. 1984. S. 789–829.

[Art.] Volk, Nation, Nationalismus, Masse. In: Ebd. Bd. 7. 1992. S. 141–431.

Bauer, Franz J.: Bürgerwege und Bürgerwelten. Familienbiographische Untersuchungen zum deutschen Bürgertum im 19. Jahrhundert. Göttingen 1991.

– Gehalt und Gestalt in der Monumentalsymbolik. Zur Ikonologie des Nationalstaats in Deutschland und Italien 1860–1914. München 1992.

– Nation und Moderne im geeinten Italien (1861–1915). In: Geschichte in Wissenschaft und Unterricht 46 (1995) S. 16–31.

– Von Tod und Bestattung in alter und neuer Zeit. In: Historische Zeitschrift 254 (1992) S. 1–31.

Bergmann, Klaus: Agrarromantik und Großstadtfeindschaft, Meisenheim am Glan 1970.

Bias-Engels, Sigrid: Zwischen Wandervogel und Wissenschaft. Zur Geschichte von Jugendbewegung und Studentenschaft 1896–1920. Köln 1988.

Blaschke, Olaf / Kuhlemann, Frank-Michael (Hrsg.): Religion im Kaiserreich. Milieus – Mentalitäten – Krisen. 2. Aufl. Gütersloh 2000.

Bloch, Ernst: Erbschaft dieser Zeit. 2., erw. Ausg. Frankfurt a.M. 1992.

Blumenberg, Hans: Die Genesis der kopernikanischen Welt. 3 Bde. 3. Aufl. Frankfurt a.M. 1996.

Blumenberg, Hans: Lebenszeit und Weltzeit. 3. Aufl. Frankfurt a. M. 1986.
– Säkularisierung und Selbstbehauptung. Erw. und überarb. Neuausg. 3. Aufl. Frankfurt a. M. 1985. [Früher u. d. T.: *Die Legitimität der Neuzeit.* Tl. 1/2.]
Bödeker, Hans Erich: Menschenrechte im deutschen publizistischen Diskurs vor 1789. In: Grund- und Freiheitsrechte von der ständischen zur spätbürgerlichen Gesellschaft. Hrsg. von Günter Birtsch. Göttingen 1987. S. 392–433.
Borkenau, Franz: Der Übergang vom feudalen zum bürgerlichen Weltbild. Studien zur Geschichte der Philosophie der Manufakturperiode. Darmstadt 1988. [Nachdr. der Ausg. Paris 1934.]
Brandt, Hartwig: Der lange Weg in die demokratische Moderne. Deutsche Verfassungsgeschichte von 1800 bis 1945. Darmstadt 1998.
Bruch, Rüdiger vom [u. a.] (Hrsg.): Kultur und Kulturwissenschaften um 1900. Bd. 1: Krise der Moderne und Glaube an die Wissenschaft. Stuttgart 1989. – Bd. 2: Idealismus und Positivismus. Ebd. 1997.
Buchheim, Christoph: Industrielle Revolutionen. München 1994.
Bußmann, Walter: Europa von der Französischen Revolution zu den nationalstaatlichen Bewegungen des 19. Jahrhunderts. 2. Aufl. Stuttgart 1998.
Conze, Werner: Die Strukturgeschichte des technisch-industriellen Zeitalters als Aufgabe für Forschung und Unterricht. Köln 1957.
Croce, Benedetto: Geschichte Europas im 19. Jahrhundert. 2. Aufl. Zürich 1947.
Dann, Otto: Nation und Nationalismus in Deutschland 1770–1990. 3., überarb. und erw. Aufl. München 1996.
Demandt, Alexander: Metaphern für Geschichte. Sprachbilder und Gleichnisse im historisch-politischen Denken. München 1978.
Demel, Walter: Vom aufgeklärten Reformstaat zum bürokratischen Staatsabsolutismus. München 1993.
Dietzel, Heinrich: Agrar-Industriestaat oder Industriestaat? In: Handwörterbuch der Staatswissenschaften. 4. Aufl. Bd. 1. Jena 1923. S. 62–72.
Dilthey, Wilhelm: Der Aufbau der geschichtlichen Welt in den Geisteswissenschaften. 5. Aufl. Stuttgart/Göttingen 1968. (Gesammelte Schriften. Bd. 7.)
Duchhardt, Heinz: Ancien Régime und »Sattelzeit« in Deutschland. In: Historische Zeitschrift 251 (1990) S. 627–638.

Düding, Dieter: Organisierter gesellschaftlicher Nationalismus in Deutschland (1808–1847). Bedeutung und Funktion der Turner- und Sängervereine für die deutsche Nationalbewegung. München 1984.

Eliade, Mircea: Kosmos und Geschichte. Frankfurt a.M. / Leipzig 1994. [Franz. Orig. 1949.]

Elias, Norbert: Über die Zeit. Frankfurt a.M. 1984.

Emmerich, Wolfgang / Wege, Carl (Hrsg.): Der Technikdiskurs in der Hitler-Stalin-Ära. Stuttgart 1995.

Evans, Richard J.: Rereading German History. From Unification to Reunification 1800–1996. London / New York 1997.

Faul, Erwin: Ursprünge, Ausprägungen und Krisen der Fort-schrittsidee. In: Zeitschrift für Politik 31 (1984) S. 241–290.

Fehrenbach, Elisabeth: Bürgertum und Liberalismus. Die Um-bruchsperiode 1779–1815. In: Bürgertum und bürgerlich-liberale Bewegung in Mitteleuropa seit dem 18. Jahrhundert. Hrsg. von Lothar Gall. München 1997. (Historische Zeitschrift. Sonderh. 17.) S. 1–62.

– Verfassungsstaat und Nationsbildung 1815–1871. München 1992.

Fichte, Johann Gottlieb: Reden an die deutsche Nation. Hamburg 1978.

François, Etienne [u.a.] (Hrsg.): Nation und Emotion. Göttingen 1995.

Frevert, Ute (Hrsg.): Das Neue Jahrhundert. Europäische Zeitdiag-nosen und Zukunfstentwürfe um 1900. Göttingen 2000. (Ge-schichte und Gesellschaft. Sonderh. 18.)

– / Haupt, Heinz-Gerhard (Hrsg.): Der Mensch des 19. Jahrhun-derts. Frankfurt a.M. / New York 1999.

Freyer, Hans: Theorie des gegenwärtigen Zeitalters. Stuttgart 1967. [1. Aufl. 1955.]

Gall, Lothar: Bürgertum in Deutschland. Berlin 1989. [Sonderausg. München 2000.]

– Liberalismus und ›bürgerliche Gesellschaft‹. Zu Charakter und Entwicklung der liberalen Bewegung in Deutschland. In: Histori-sche Zeitschrift 220 (1975) S. 324–356.

– Von der ständischen zur bürgerlichen Gesellschaft. München 1993.

– (Hrsg.): Stadt und Bürgertum im 19. Jahrhundert. München 1990.

– (Hrsg.): Stadt und Bürgertum im Übergang von der traditionalen zur modernen Gesellschaft. München 1993. (Historische Zeit-schrift. Beih. 16.)

Gellner, Ernest: Nationalismus und Moderne. Berlin 1991. [Engl. Orig. 1983.]

Gervinus, Georg Gottfried: Einleitung in die Geschichte des neunzehnten Jahrhunderts. Frankfurt a. M. 1967. [1. Aufl. Leipzig 1853.]

Gestrich, Andreas: Geschichte der Familie im 19. und 20. Jahrhundert. München 1999.

Giedion, Siegfried: Die Herrschaft der Mechanisierung. Ein Beitrag zur anonymen Geschichte. Frankfurt a. M. 1982. [2. Aufl. Hamburg 1994. – Engl. Orig. 1948.]

Glanz, Christian (Hrsg.): Wien 1897. Kulturgeschichtliches Profil eines Epochenjahres. Frankfurt a. M. [u. a.] 1999.

Goertz, Hans-Jürgen: Umgang mit Geschichte. Eine Einführung in die Geschichtstheorie. Reinbek bei Hamburg 1995.

Grimm, Dieter: Deutsche Verfassungsgeschichte 1776–1866. 3. Aufl. Frankfurt a. M. 1995.

– Die Entwicklung der Grundrechtstheorie in der deutschen Staatsrechtslehre des 19. Jahrhunderts. In: Grund- und Freiheitsrechte von der ständischen zur spätbürgerlichen Gesellschaft. Hrsg. von Günter Birtsch. Göttingen 1987. S. 234–266.

– Soziale Voraussetzungen und verfassungsrechtliche Gewährleistungen der Meinungsfreiheit. In: D. G.: Recht und Staat der bürgerlichen Gesellschaft. Frankfurt a. M. 1987. S. 232–263.

Groethuysen, Bernhard: Die Entstehung der bürgerlichen Welt- und Lebensanschauung in Frankreich. 2 Bde. Frankfurt a. M. 1978. [1. Aufl. 1927.]

Großheim, Michael: Ökologie oder Technokratie? Der Konservatismus in der Moderne. Berlin 1995.

Habermas, Jürgen: Der philosophische Diskurs der Moderne. Zwölf Vorlesungen. Frankfurt a. M. 1985.

Hahn, Hans-Werner: Die Industrielle Revolution in Deutschland. München 1998.

Hardtwig, Wolfgang: Die Krise des Geschichtsbewußtseins in Kaiserreich und Weimarer Republik und der Aufstieg des Nationalsozialismus. In: Jahrbuch des Historischen Kollegs 2001. München 2002. S. 47–75.

– Politische Gesellschaft und Verein zwischen aufgeklärtem Absolutismus und der Grundrechtserklärung der Frankfurter Paulskirche. In: Grund- und Freiheitsrechte im Wandel von Gesellschaft und Geschichte. Hrsg. von Günter Birtsch. Göttingen 1981. S. 336–358.

Haß, Ulrike: Militante Pastorale. Zur Literatur der antimodernen Bewegungen im frühen 20. Jahrhundert. München 1993.

Hausen, Karin [u.a.] (Hrsg.): Frauengeschichte – Geschlechtergeschichte. Frankfurt a.M. 1992.

Hegel, Georg Wilhelm Friedrich: Grundlinien der Philosophie des Rechts. Hrsg. von Johannes Hoffmeister. Hamburg 1955.

– Vorlesungen. Ausgewählte Nachschriften und Manuskripte. Nachgeschrieben von P. Wannenmann, hrsg. von C. Becker [u.a.]. Bd. 1: Vorlesungen über Naturrecht und Staatswissenschaft. Hamburg 1983.

– Vorlesungen über die Philosophie der Weltgeschichte. Bd. 1: Die Vernunft in der Geschichte. Hrsg. von Johannes Hoffmeister. Hamburg 1955.

Henning, Friedrich-Wilhelm: Die Industrialisierung in Deutschland 1800 bis 1914. 8., durchges. und erg. Aufl. Paderborn [u.a.] 1993.

Hobsbawm, Eric J.: Nationen und Nationalismus. Mythos und Realität seit 1780. Frankfurt a.M. / New York 1991. [Engl. Orig. 1990.]

Hockerts, Hans Günter: Zeitgeschichte in Deutschland. Begriff, Methoden, Themenfelder. In: Das Parlament (1993) Beilage: Aus Politik und Zeitgeschichte B 29/30. S. 3–19.

Hölscher, Lucian: Die Entdeckung der Zukunft. Frankfurt a.M. 1999.

– Die Religion des Bürgers. Bürgerliche Frömmigkeit und protestantische Kirche im 19. Jahrhundert. In: Historische Zeitschrift 250 (1990) S. 595–627.

Jacobs, Manfred: Die Entwicklung des deutschen Nationalgedankens von der Reformation bis zum deutschen Idealismus. In: Volk – Nation – Vaterland. Der deutsche Protestantismus und der Nationalismus. Hrsg. von Horst Zilleßen. Gütersloh 1970. S. 51–110.

Jaeger, Friedrich / Rüsen, Jörn: Geschichte des Historismus. Eine Einführung. München 1992.

Jeismann, Michael: Das Vaterland der Feinde. Studien zum nationalen Feindbegriff und Selbstverständnis in Deutschland und Frankreich 1792–1918. Stuttgart 1992.

Kamlah, Wilhelm: ›Zeitalter‹ überhaupt, ›Neuzeit‹ und ›Frühneuzeit‹. In: Saeculum 8 (1957) S. 313–332.

Kant, Immanuel: Kritik der reinen Vernunft. Tl. 1. Darmstadt 1956. (Werke in sechs Bänden. Hrsg. von Wilhelm Weischedel. Bd. 2.) [5. Aufl. 1975. Sonderausg. 1998.]

Kiesewetter, Hubert: Industrielle Revolution in Deutschland 1815–1914. Frankfurt a. M. 1989.

Klueting, Edeltraud (Hrsg.): Antimodernismus und Reform. Zur Geschichte der deutschen Heimatbewegung. Darmstadt 1991.

Knöbl, Wolfgang: Polizei und Herrschaft im Modernisierungsprozeß. Staatsbildung und innere Sicherheit in Preußen, England und Amerika 1700–1914. Frankfurt a. M. / New York 1998.

Kocka, Jürgen: Die Angestellten in der deutschen Geschichte 1850–1980. Göttingen 1981.

– Arbeitsverhältnisse und Arbeiterexistenzen. Grundlagen der Klassenbildung im 19. Jahrhundert. Bonn 1990.

– Das lange 19. Jahrhundert. Arbeit, Nation und bürgerliche Gesellschaft Stuttgart 2001. (Gebhardt. Handbuch der deutschen Geschichte. 10. Aufl. Bd. 13.)

Kondylis, Panajotis: Die Aufklärung im Rahmen des neuzeitlichen Rationalismus. Stuttgart 1981. [Neuaufl. Hamburg 2002.]

– Konservativismus. Geschichtlicher Gehalt und Untergang. Stuttgart 1986.

– Der Niedergang der bürgerlichen Denk- und Lebensform. Die liberale Moderne und die massendemokratische Postmoderne. Weinheim 1991.

Koselleck, Reinhart: Einleitung. In: Geschichtliche Grundbegriffe. Historisches Lexikon zur politisch-sozialen Sprache in Deutschland. Bd. 1. Stuttgart 1972. S. XIII–XXVII.

– ›Neuzeit‹. Zur Semantik moderner Bewegungsbegriffe. In: Studien zum Beginn der modernen Welt. Hrsg. von R. K. Stuttgart 1977. S. 264–299.

– Vergangene Zukunft. Zur Semantik geschichtlicher Zeiten. Frankfurt a. M. 1979.

– Wie neu ist die Neuzeit? In: Historische Zeitschrift 251 (1991) S. 539–553.

– / Reichardt, Rolf (Hrsg.): Die Französische Revolution als Bruch des gesellschaftlichen Bewußtseins. München 1988.

Kromphardt, Jürgen: Konzeptionen und Analysen des Kapitalismus. 3. Aufl. Göttingen 1991.

Langewiesche, Dieter: Liberalismus in Deutschland. Frankfurt a. M. 1988.

– Nation, Nationalismus, Nationalstaat: Forschungsstand und Forschungsperspektiven. In: Neue Politische Literatur 40 (1995) S. 190–236.

Langewiesche, Dieter: Neuzeit, Neuere Geschichte. In: Fischer-Lexikon *Geschichte*. Frankfurt a. M. 1990. S. 386–406.

– Reich, Nation und Staat in der jüngeren deutschen Geschichte. In: Historische Zeitschrift 254 (1992) S. 341–381.

– Republik, Konstitutionelle Monarchie und »Soziale Frage«. In: Historische Zeitschrift 230 (1980) S. 529–547.

– (Hrsg.): Liberalismus im 19. Jahrhundert. Göttingen 1988.

Laqueur, Walter: Die deutsche Jugendbewegung. 2. Aufl. Köln 1983.

Le Bon, Gustave: Psychologie der Massen. 15. Aufl. Stuttgart 1982. [Franz. Orig. 1895.]

Lehmann, Hartmut: Säkularisierung, Dechristianisierung, Rechristianisierung im neuzeitlichen Europa. Bilanz und Perspektiven der Forschung. Göttingen 1997.

Lenger, Friedrich: Bürgertum, Stadt und Gemeinde zwischen Frühneuzeit und Moderne. In: Neue Politische Literatur 40 (1995) S. 14–29.

– Industrielle Revolution und Nationalstaatsgründung (1849–1870er Jahre). Stuttgart 2003. (Gebhardt. Handbuch der deutschen Geschichte. 10. Aufl. Bd. 17.)

Ley, Hermann: Geschichte der Aufklärung und des Atheismus. Bd. 3.1/3.2. Berlin 1978–80.

Löwith, Karl: Max Weber und Karl Marx. In: K. L.: Sämtliche Schriften. Hrsg. von Klas Stichweh. Bd. 5. Stuttgart 1988.

– Weltgeschichte und Heilsgeschehen. Die theologischen Voraussetzungen der Gegenwartsphilosophie. In: Ebd. Bd. 2. 1983.

Lübbe, Hermann: Politische Philosophie in Deutschland. Studien zu ihrer Geschichte. München 1974.

– Religion nach der Aufklärung. 2. Aufl. Graz [u. a.] 1990.

– Säkularisierung. Geschichte eines ideenpolitischen Begriffs. 3. Aufl. Freiburg i. Br. / München 2003.

Luden, Heinrich: Das Vaterland, oder Staat und Volk (1814). [Zit. nach: Hardtwig Brandt (Hrsg.): Restauration und Frühliberalismus 1814–1840. Darmstadt 1979. S. 96–103.]

Luhmann, Niklas: Beobachtungen der Moderne. Opladen 1992.

Meier, Christian: Fragen und Thesen zu einer Theorie historischer Prozesse. In: Historische Prozesse. Hrsg. von Karl-Georg Faber / Christian Meier. München 1978. S. 11–66.

Meyers Konversations-Lexikon. Ein Nachschlagewerk des allgemeinen Wissens. 21 Bde. 5., gänzlich neu bearb. Aufl. Leipzig/Wien 1897.

Möller, Horst: Bürgertum und bürgerlich-liberale Bewegung nach 1918. In: Bürgertum und bürgerlich-liberale Bewegung in Mitteleuropa seit dem 18. Jahrhundert. Hrsg. von Lothar Gall. München 1997. (Historische Zeitschrift. Sonderh. 17.) S. 293–342.
– Vernunft und Kritik. 4. Aufl. Frankfurt a.M. 1997.
Mommsen, Hans: Neuzeit (19. Jahrhundert). In: Fischer-Lexikon *Geschichte*. Frankfurt a.M. 1961. S. 203–223.
Mommsen, Wolfgang J. (Hrsg.): Max Weber und seine Zeitgenossen. Göttingen [u.a.] 1988.
– Die Urkatastrophe Deutschlands. Der Erste Weltkrieg 1914–1918. Stuttgart 2002. (Gebhardt. Handbuch der deutschen Geschichte. 10. Aufl. Bd. 17.)
Mooser, Josef: Arbeiterleben in Deutschland 1900–1970. Frankfurt a.M. 1984.
Nave-Herz, Rosemarie: Die Geschichte der Frauenbewegung in Deutschland. 5., überarb. und erg. Aufl. Leverkusen 1997.
Neuloh, Otto / Zilius, Wilhelm: Die Wandervögel. Göttingen 1982.
Nietzsche, Friedrich: Sämtliche Werke. Krit. Studienausg. in 15 Bdn. Hrsg. von Giorgio Colli und Mazzino Montinari. München [u.a.] 1999.
Nipperdey, Thomas: Deutsche Geschichte 1800–1866. Bürgerwelt und starker Staat. 5. Aufl. München 1991. [Sonderausg. 1998.]
– Deutsche Geschichte 1866–1918. Bd. 1: Arbeitswelt und Bürgergeist. 2. Aufl. München 1991. – Bd. 2: Machtstaat vor der Demokratie. Ebd. 1992.
– Religion im Umbruch. München 1988.
Nitschke, August [u.a.] (Hrsg.): Jahrhundertwende. Der Aufbruch in die Moderne 1880–1930. 2 Bde. Reinbek bei Hamburg 1990.
Nolte, Paul: 1900. Das Ende des 19. und der Beginn des 20. Jahrhunderts in sozialgeschichtlicher Perspektive. In: Geschichte in Wissenschaft und Unterricht 47 (1996) S. 281–300.
– Bürgerideal, Gemeinde und Republik. ›Klassischer Republikanismus‹ im frühen deutschen Liberalismus. In: Historische Zeitschrift 254 (1992) S. 609–656.
– Gemeindebürgertum und Liberalismus in Baden 1800–1850. Tradition – Radikalismus – Republik. Göttingen 1994.
Peter, Matthias / Schröder, Hans-Jürgen: Einführung in das Studium der Zeitgeschichte. Paderborn [u.a.] 1994.
Peters, Michael: Der Alldeutsche Verband am Vorabend des Ersten Weltkrieges. 2. Aufl. Frankfurt a.M. 1996.

Petri, Rolf: Deutsche Heimat 1850–1950. In: Comparativ 11 (2001) S. 77–127.

Peukert, Detlev J. K.: Max Webers Diagnose der Moderne. Göttingen 1989.

– »Mit uns zieht die neue Zeit …«. Jugend zwischen Disziplinierung und Revolte. In: Jahrhundertwende. Der Aufbruch in die Moderne 1880–1930. Hrsg. von August Nitschke. 2 Bde. Reinbek bei Hamburg 1990. S. 176–202.

Pick, Daniel: War Machine. The Rationalisation of Slaughter in Modern Age. New Haven / London 1993.

Pierenkemper, Toni: Gewerbe und Industrie im 19. und 20. Jahrhundert. München 1994.

– Umstrittene Revolutionen. Die Industrialisierung im 19. Jahrhundert. Frankfurt a. M. 1996.

Plessner, Helmuth: Die verspätete Nation. Frankfurt a. M. 1982. (Gesammelte Schriften. Hrsg. von Günter Dux [u. a.]. Bd. 6.) [Einzelausg. 6. Aufl. 1998.]

Puhle, Hans-Jürgen (Hrsg.): Bürger in der Gesellschaft der Neuzeit. Göttingen 1991.

Puschner, Uwe (Hrsg.): Handbuch zur »Völkischen Bewegung«. München [u. a.] 1996. [Unveränd. Nachdr. 1999.]

Radkau, Joachim: Die wilhelminische Ära als »nervöses Zeitalter«, oder: Die Nerven als Netzwerk zwischen Tempo- und Körpergeschichte. In: Geschichte und Gesellschaft 20 (1994) S. 211–241.

– Technik in Deutschland. Vom 18. Jahrhundert bis zur Gegenwart. 2. Aufl. Frankfurt a. M. 1990.

– Das Zeitalter der Nervosität. Deutschland zwischen Bismarck und Hitler. München 1998.

Ranke, Leopold von: Über die Epochen der neueren Geschichte. München 1971.

Rapp, Friedrich: Fortschritt. Entwicklung und Sinngehalt einer philosophischen Idee. Darmstadt 1992.

Reif, Heinz: Adel im 19. und 20. Jahrhundert. München 1999.

Ritter, Gerhard A.: Der Sozialstaat. Entstehung und Entwicklung im internationalen Vergleich. 2. Aufl. München 1991.

– (Hrsg.): Der Aufstieg der deutschen Arbeiterbewegung. München 1990.

Ritter, Gerhard A. / Tenfelde, Klaus: Arbeiter im Deutschen Kaiserreich 1871 bis 1914. Bonn 1992.

Rohe, Karl: Wahlen und Wählertraditionen in Deutschland. Frankfurt a. M. 1992.

Rohkrämer, Thomas: Eine andere Moderne? Zivilisationskritik, Natur und Technik in Deutschland 1880–1933. München [u. a.] 1999.

Rosenberg, Hans: Theologischer Rationalismus und vormärzlicher Vulgärliberalismus. In: H. R.: Politische Denkströmungen im deutschen Vormärz. Göttingen 1972. S. 18–50.

Rossbacher, Karlheinz: Heimatkunstbewegung und Heimatroman. Zu einer Literatursoziologie der Jahrhundertwende. Stuttgart 1975.

Rüsen, Jörn: Konfigurationen des Historismus. Studien zur deutschen Wissenschaftskultur. Frankfurt a. M. 1993.

Rüstow, Alexander: Kritik des technischen Fortschritts. In: Ordo 4 (1951) S. 373–407.

Schaeffler, Richard: Einführung in die Geschichtsphilosophie. 4. Aufl. Darmstadt 1991.

Scheuner, Ulrich: Die Verwirklichung der bürgerlichen Gleichheit. Zur rechtlichen Bedeutung der Grundrechte in Deutschland zwischen 1780 und 1850. In: Grund- und Freiheitsrechte im Wandel von Gesellschaft und Geschichte. Hrsg. von Günter Birtsch. Göttingen 1981. S. 376–401.

Schieder, Wolfgang: Sozialgeschichte zwischen Soziologie und Geschichte. Das wissenschaftliche Lebenswerk Werner Conzes. In: Geschichte und Gesellschaft 13 (1987) S. 244–266.

Schildt, Gerhard: Die Arbeiterschaft im 19. und 20. Jahrhundert. München 1996.

Schivelbusch, Wolfgang: Geschichte der Eisenbahnreise. Zur Industrialisierung von Raum und Zeit im 19. Jahrhundert. Frankfurt a. M. 1989.

Schlobach, Jochen: Die klassisch-humanistische Zyklentheorie und ihre Anfechtung durch das Fortschrittsbewußtsein der französischen Frühaufklärung. In: Historische Prozesse. Hrsg. von Karl Georg Faber und Christian Meier. München 1978. S. 127–142.

Schlumbohm, Jürgen: Freiheit. Die Anfänge der bürgerlichen Emanzipationsbewegung in Deutschland im Spiegel ihres Leitwortes (ca. 1760 – ca. 1800). Düsseldorf 1975.

Schmitz, Walther (Hrsg.): Die Münchner Moderne. Die literarische Szene in der ›Kunststadt‹ um die Jahrhundertwende. Stuttgart 1990.

Schnabel, Franz: Deutsche Geschichte im neunzehnten Jahrhundert.

Bd. 1. Freiburg i.Br. 1929. [Taschenbuch-Ausg. 1964. – Nachdr. München 1989.]

Schuck, Gerhard: Theorien moderner Vergesellschaftung in den historischen Wissenschaften um 1900. Zum Entstehungszusammenhang des Sozialdisziplinierungskonzeptes im Kontext der Krisenerfahrungen der Moderne. In: Historische Zeitschrift 268 (1999) S. 35–59.

Schüler, Andreas: Erfindergeist und Technikkritik. Der Beitrag Amerikas zur Modernisierung und die Technikdebatte seit 1900. Stuttgart 1990.

Schulin, Ernst: Die Urkatastrophe des zwanzigsten Jahrhunderts. In: Der Erste Weltkrieg. Hrsg. von Wolfgang Michalka. München 1994. S. 3–27.

Schulze, Hagen: Staat und Nation in der europäischen Geschichte. München 1994. [2., durchges. Aufl. 1996. – Sonderausg. 1999.]

– Der Weg zum Nationalstaat. Die deutsche Nationalbewegung vom 18. Jahrhundert bis zur Reichsgründung. 2. Aufl. München 1986.

Schulze, Winfried: Der 14. Juli 1789. Biographie eines Tages. Stuttgart 1989.

– Die deutsche Geschichtswissenschaft nach 1945. München 1989.

– Einführung in die Neuere Geschichte. 3. Aufl. Stuttgart 1996.

Schutte, Jürgen / Sprengel, Peter (Hrsg.): Die Berliner Moderne 1885–1914. Stuttgart 1987.

See, Klaus von: Die Ideen von 1789 und die Ideen von 1914. Völkisches Denken in Deutschland zwischen Französischer Revolution und Erstem Weltkrieg. Frankfurt a.M. 1975.

Sheehan, James J.: Der deutsche Liberalismus. Von den Anfängen im 18. Jahrhundert bis zum Ersten Weltkrieg, 1770–1914. München 1983.

Sieferle, Rolf Peter: Fortschrittsfeinde? Opposition gegen Technik und Industrie von der Romantik bis zur Gegenwart. München 1984.

Siemann, Wolfram: Gesellschaft im Aufbruch. Deutschland 1849–1871. Frankfurt a.M. 1990. [Nachdr. 1997.]

– Vom Staatenbund zum Nationalstaat. München 1995.

Stauber, Reinhard: Nationalismus vor dem Nationalismus. Eine Bestandsaufnahme der Forschung zu ›Nation‹ und ›Nationalismus‹ in der Frühen Neuzeit. In: Geschichte in Wissenschaft und Unterricht 47 (1996) S. 139–165.

Steinbach, Peter (Hrsg.): Probleme politischer Partizipation im Modernisierungsprozeß. Stuttgart 1982.

Steinhausen, Georg: Verfallsstimmung im kaiserlichen Deutschland. In: Preußische Jahrbücher 194 (Okt.–Dez. 1923) S. 153–185.

Sternberger, Dolf: Gerechtigkeit für das 19. Jahrhundert. Frankfurt a. M. 1975.

Tannenbaum, Edward R.: Neunzehnhundert. Frankfurt a.M. [u.a.] 1978.

Tenfelde, Klaus: 1914 bis 1990 – Einheit der Epoche. In: Das Parlament (1991) Beilage: Aus Politik und Zeitgeschichte B 40. S. 3–11.

– (Hrsg.): Wege zur Geschichte des Bürgertums. Göttingen 1994.

Teusch, Ulrich: Freiheit und Sachzwang. Untersuchungen zum Verhältnis von Technik, Gesellschaft und Politik. Baden-Baden 1993.

Tilly, Richard H.: Vom Zollverein zum Industriestaat. Die wirtschaftliche Entwicklung Deutschlands 1834–1914. München 1990.

Troeltsch, Ernst: Das 19. Jahrhundert. In: E. T.: Gesammelte Schriften. Bd. 4: Aufsätze zur Geistesgeschichte und Religionssoziologie. Tübingen 1925. S. 614–649.

– Das Wesen des modernen Geistes. In: Ebd. S. 297–338.

Verhey, Jeffrey: Der ›Geist von 1914‹ und die Erfindung der Volksgemeinschaft. Hamburg 2000.

Vogel, Ulrike: Einige Überlegungen zum Begriff der Rationalität bei Max Weber. In: Kölner Zeitschrift für Soziologie und Sozialpsychologie 25 (1973) S. 532–550.

Volkov, Shulamit: Die Juden in Deutschland 1780–1918. München 1994.

Walder, Ernst: Zur Geschichte und Problematik des Epochenbegriffs ›Neuzeit‹. In: Festgabe Hans von Greyerz zum 60. Geburtstag. Hrsg. von S. V. [u.a.]. Bern 1967. S. 21–47.

Walker, Mack: German Home Towns. Community, State and General Estate 1646–1871. Ithaca 1971.

Weber, Max: Gesammelte Aufsätze zur Wissenschaftslehre. 4. Aufl. Tübingen 1973. [6. Aufl. 1988.]

– Wirtschaft und Gesellschaft. Tübingen 1976. [5. Aufl. 2000.]

Wehler, Hans-Ulrich: Deutsche Gesellschaftsgeschichte. Bd. 1: Vom Feudalismus des Alten Reiches bis zur defensiven Modernisierung der Reformära 1700–1815. München 1987. [3. Aufl. Ebd. 1996.] – Bd. 2: Von der Reformära bis zur industriellen und politischen »Deutschen Doppelrevolution« 1815–1845/49. Ebd. – Bd. 3: Von der »Deutschen Doppelrevolution« bis zum Beginn des Ersten Weltkrieges 1849–1914. Ebd. 1995.

Weigert, Joseph: Das Dorf entlang. Ein Buch vom deutschen Bauerntum. 4./5., verm. Aufl. Freiburg i. Br. 1915.

Weindling, Paul: Health, Race and German Politics Between National Unification und Nazism. Cambridge 1989.

Winckelmann, Johannes: Die Herkunft von Max Webers »Entzauberungs«-Konzeption. Zugleich ein Beitrag zu der Frage, wie gut wir das Werk Max Webers kennen können. In: Kölner Zeitschrift für Soziologie und Sozialpsychologie 32 (1980) S. 12–53.

Wollstein, Günther: Mitteleuropa und Großdeutschland. Visionen der Revolution 1848/49. Nationale Ziele in der deutschen Revolution. In: Die deutsche Revolution von 1848/49. Hrsg. von Dieter Langewiesche. Darmstadt 1983. S. 237–257.

Wunberg, Gotthard / Braakenburg, Johannes J. (Hrsg.): Die Wiener Moderne. Literatur, Kunst und Musik zwischen 1890 und 1910. Stuttgart 1992. [Bibliogr. erg. Ausg. 2000.]

Zingerle, Arnold: Max Webers Historische Soziologie. Darmstadt 1981.

Zorn, Wolfgang: Verdichtung und Beschleunigung des Verkehrs als Beitrag zur Entwicklung der ›modernen Welt‹. In: Studien zum Beginn der modernen Welt. Hrsg. von Reinhart Koselleck. Stuttgart 1977. S. 115–134.

Zum Autor

FRANZ J. BAUER, geboren 1952, Studium der Geschichte und Germanistik in München, dort 1981 Promotion zum Dr. phil.; wissenschaftlicher Assistent an der Universität Regensburg, dort 1989 Habilitation; 1989/90 Förderstipendiat des Historischen Kollegs, München; 1991/92 Gastdozent am Deutschen Historischen Institut Rom; 1993 Fiebiger-Professur an der Ludwig-Maximilians-Universität München; seit 1995 Inhaber des Lehrstuhls für Neuere und Neueste Geschichte an der Universität Regensburg.

Publikationen: Flüchtlinge und Flüchtlingspolitik in Bayern 1945–1950. 1982. – Bürgerwege und Bürgerwelten. Familienbiographische Untersuchungen zum deutschen Bürgertum im 19. Jahrhundert. 1991. – Geschichte des Deutschen Hochschulverbandes. 2000. – (Bearb.) Die Regierung Eisner 1918/19. 1987.